魂深き人びと

西欧中世からの反骨精神

香田芳樹

叢書　魂の脱植民地化　7

魂深き人びと

西欧中世からの反骨精神

装丁　柴田淳デザイン室

目次

序

安冨　歩

「清貧」という言葉は何を意味するのだろうか。たとえば『デジタル大辞泉』には、

私欲をすてて行いが正しいために、貧しく生活が質素であること。「清貧に甘んずる」

という説明が出ている。「甘んずる」という用例が示すように、清貧というのは積極的な状態ではなく、生き方の下手な人に結果的に発生してしまう、望ましくないけれど仕方がない事態であるかのように、私はイメージしていた。

しかし、本書を読むとその考えが間違いであることがはっきりする。清貧というのは、最も過激で積極的な生き方でもあるのだ。第三章で論じられるように、南仏カタリ派の人々があれほどの迫害を受けたのは、ひとえにその清貧のせいである。この世でもっとも豪勢な暮らしをしている聖職者にとって、清貧を生きる人々ほど不愉快な人種はいなかったからである。

考えてみれば、現代社会に最も深い影響を与えた政治家であるガンディーの最大の武器の一つは「不所有（アパリグラハ）」であった。彼は、所有という概念を離れることによって、巨大な政治力を形成し、逆に世界を「所有」してみせた。

言うまでもなく近代社会は、所有という概念をその根底に置いている。あるいは、少なくとも、そのつもりである。そしてその起源であるヨーロッパ社会の只中で、清貧という生き方を貫くことで、最も頑強な抵抗を示した人々の姿は、現代社会の直面する諸困難を理解し、乗り越える上で、決定的に重要である。所有をめぐる軋轢がありとあらゆる人間の首を真綿で絞めつつある現在、清貧は中世以上に批判的な力を持つ可能性がある。

そしてこのような伝統は、オリヴィやフランチェスコを経て、エックハルトという偉大な思想家を生み出す。彼は全てを「捨てよ」という。その範囲は徹底的であり、自分は神を信じている、という考えさえも捨てよという。そうして何もかもを捨て去り、極限的な「清貧」に達したとき、神はあなたの中に入ってくるのだ、という。私は、近代の思考の枠組みを用意したトマス・アクィナスの後継者であると同時に徹底した批判者でもあるエックハルトの思想こそは、我々が現代の難問を乗り越えるための、スピノザと並ぶ最も重要な導き手であると考えている。本書を読むことで、その思想の由来と根源とを認識することができる。

また、ヤーコプ・ベーメというデカルトと同時代の神秘思想家を知ることで、近代がまさに切り拓かれる時代の真の様相を垣間見ることができる。デカルトを導いたものが、ベーメと同じように、夢である、という逆説は、我々の思い込みに痛撃を与える。ベーメの神秘主義とデカルトの合理主義とは、相反するものではなく、同じコインの二つの側面かもしれないのである。

私は本叢書の第3巻『合理的な神秘主義』で、人類史の巨大な伏流水のようなもののスケッチを描いたつもりであるが、香田さんの本書は、合理主義の生まれるその足下に流れた神秘主義の脈々たる流れを、緻密な資料分析に基づいて描き出して下さっている。このような力強い作品が、叢書「魂の脱植民地化」に加わったことで、新しい学問分野を切り開こうとする我々の試みは大きく前進した、と私は感じている。このように幅広く深い内容を持つ本書であるが、香田さんの精妙で洒脱な文章の導きにより、読者はヨーロッパの時空を自由に飛び回る喜びを得ることもできるはずである。

（やすとみ・あゆむ　東京大学東洋文化研究所教授）

はじめに

アメリカで黒人初のノーベル文学賞を受賞したトニ・モリスンの『ソロモンの歌』は面白いエピソードで始まる。ある黒人街に良心的な医者がいた。貧しい人々にも献身的に治療を施す彼に敬意を払って、町の人たちは医院のある通りを「ドクター・ストリート」と呼んでいた。もちろんこの通りには正式な名称があったが、だれもそれを知らなかったし、知る必要もなかった。しかしこれが市当局の気にさわった。ある日役人がやってきて、その通りに「ここはドクター・ストリートではありません(Here is NOT doctor street)」という大きな立て札を立てた。その日から人々はその通りを「ノット・ドクター・ストリート」と呼ぶようになった。

抵抗のかたちはさまざまである。レジスタンスと聞けば、文字通り命を賭けて不正と戦った闘士たちを思い浮かべるが、すべての貧しい被抑圧民に武器を取って街頭に出ることが可能なわけではない。抗しきれない暴力を前にしたとき人はもっとささやかな抵抗を試みる。それは皮肉やカリカチュア(戯画)やパロディーや風刺といった半ば諦めにも似た、しかし不屈の市民的抗議といった形を取る。健全な市民は加えられた暴力と同じ強さで暴力をふるうことが、愚の骨頂であることを知っている。戦争でもテロでもなく、裁判でもない、したたかな言葉による反骨精神は民主主義の最も洗練された表現なのである。それは文字文化を通して得られる貴重な能力だ。

ヨーロッパでは中世後期に市民の識字率が高まり、彼らが文学という表現手段を手にいれると、それはまず「抵抗の文学」となった。彼らが抵抗できたのは、自由になったからである。市民（citizen/ Bürger/ bourgoise）とは「都市に住む者」を意味するが、それは空間的に限定された住人ではなく、経済的にも政治的にも思想的にも、「横断路」に位置する流通の要所に住む、移動自由な人々であった。これに対して都市の外に住む農民は、「体僕」（独語 Leibeigene）と呼ばれ、文字通り肉体を人質に取られていた小作人だった。だが彼らにも転機が訪れる。一二世紀以降、都市が成長し、未開の原野に人の手が入り始めると、彼らは新たな処女地の開墾を目指して土地を捨てた。離民たちによって封建社会は衰退し、新たな社会経済システムが都市を中心に発展することになる。

ドイツ民謡に、「考えるのは自由 Gedanken sind frei」という歌がある。「誰もそれを知らないし、どんな猟師も撃てない」と歌うこの民謡のルーツは一三世紀の抵抗歌だ。

diu bant mac nieman vinden,

diu mîne gedanke binden.

誰も鎖を見つけられない

おいらの考えを縛る鎖を。

man vâhet wîp unde man,
gedanke niemen gevâhen kann.

女も男も捕まえられるが、
考えは捕まえられない。

都市で体が自由になった市民は心にも自由を求めた。考えているだけでは罪にはならないと歌う彼らは、やがてもっと強力な武器を手にする。文学の誕生である。中世で最も成功した文学作品はおそらく、シュトラースブルク生まれの法律家セバスティアン・ブラント（一四五七－一五二一）の書いた『阿呆船』（一四九四年）だろう。「通りも路地もどこもかしこも阿呆だらけ。阿呆の数には終わりなし」と歌うこの風刺詩は、この世にあふれる阿呆者を一人一人数え上げ揶揄していく。この「阿呆の大カタログ」ともいえる著作は出版当初から好評を博し、当時の大ベストセラーとなった。一七〇〇年頃まで続いたこの人気の秘密は、これがただの滑稽本だったからではない。初期人文主義の風刺文学の伝統に位置する本書は、何より「啓蒙書」であり、「人の魂に癒しをもたらす」著作だったのである。風刺は市民の啓蒙的役割を担う重要な文化行為だった。

この風刺の伝統は、現在のヨーロッパにも脈々と受け継がれている。テレビをつければ現政権を揶揄するコメディーはいつでも見られるし、新聞には体制批判のブラックジョークがあふれている。そしてそれらを理解できることが知的水準の高さを示してもいる。これは、「報道の公正さ」を楯に、政府に批判的な番組をつくる報道機関を恫喝し、黙らせようとする日本の政権与党とは大きな違いだ。本当の民主主義は、反抗者のささやかなユーモアを解する。それは居丈高に肩をいからせて毒づく、みっともないわが身を反省する余裕をもっている。それに対して、この国の目に角たてた怒気は何なのか。意に沿わないものは何でもかんでも黙らせようとする強権政治が、多数決の追い風に乗って吹き荒れる現在、小さな反骨者たちの生き様を知ることは大切だ。なぜなら彼らとて生来の跳ねっ返りだったわけではなく、ちょっとした運命のいたずら、ボタンの掛け違えからマイノリティーに転落し、しかしその境遇にこそ真の自分がいることに気づいた人たちだからだ。その気づきが彼らの名を歴史に刻んだ。

迫害の陥穽がどこに口を開けているかわからない時代にわたしたちは生きている。いじめやハラスメントやヘイトスピーチによって運悪くそこに落ちてしまっても、それは多くの魂深き人びとのたどった道であり、怖じ気づく必要はまったくないことを知っていただくことが、わたしの本書執筆の動機である。マイノリティーは意外と楽しい。彼らは考える人であり、考える限り彼らは自由で、だれにも捕まることはなかった。夢のような思考の翼を得て、彼らは大空を自由に羽ばたき、迫害者のはるか上を飛んだのである。

本書で紹介する反骨者たちの多くが中世に生きた人たちであるのは、わたしがヨーロッパ中世思想を専門とするからだけではない。何よりいまのわたしたちからは時代も地理もかけ離れたところに生きた人びとの、素朴な憤りや正義感や抵抗は、反骨の原点ともいえるわかりやすい形をとっているからだ。わたしたちの生きる東洋にも「忍辱正語《にんにくしょうご》」という教えがある。辱めを堪え忍び、正直に徹することを命じるこの精神は、西のアウトサイダーたちの生き方に通じるものがある。巧みなシステムに取り込まれ、暴力によって搾取されているという自覚さえも失ったわたしたちには、いま反骨の原点に立ち戻って「否」と言う勇気を取り戻すことが求められている。そのために本書が少し背中をおしてくれれば幸いである。だが物語はまずはわたしたちの身近から始めよう。舞台は現代のチューリヒである。

「太陽や星の光を仰ぐことはわたしにはどこにいてもできるではないか。
名誉をうばわれた、屈辱的な姿で、故郷に、フィレンツェ市民の前に姿を現さずとも、
天の下どこにいても甘美な真理について瞑想することはわたしにはできる」

ダンテ・アリギエーリ

第一章　チューリヒ　鏡の小路

小さな革命家　ゲオルク・ビューヒナー

辱められて故郷を追われ、異郷を彷徨《さまよ》う。現代のわたしたちが知る作家や思想家の多くがこうした体験をもっている。ダンテも、ルターも、ハイネも、グリムも、マルクスも、ベンヤミンも、ブレヒトも、トーマス・マンもみな他人にパンを乞う屈辱を作品へと昇華させた。「追放」という言葉の背後には、必ず哄笑する権力者の顔がある。悪意はただの気配ではなく、具体的な顔をもっている。不条理は、権威の力を借りて正義の衣をまとうとき、必ず薄笑いを浮かべるものだ。だが、追われた異郷で屈辱のうちに死んだ詩人たちは歴史によって飾られる。追った人間が名もなく、墓場の腐土となるのに対して。

シュピーゲル・ガッセ（鏡小路）と名づけられたチューリヒの小さな通りの一二番地に、「ここに詩人であり自然科学者であったゲオルグ・ビューヒナーは一八三六・三七年に住み、ここで二三歳の生涯を終えた」というプレートがかけられている。行き交う人のどれほどが詩人兼自然科学者という肩書きをもったこの若者を知っているのだろうか。ある人は、二三歳で夭折した薄幸の詩人を思い浮かべよう。彼の専門が医学だったことを知る人は多くはあるまい。医学史に名を残すには彼の命は短すぎた。そもそも青年がこの家に住んだのは、医学部の講師になるためでも、詩人になるためでもない。革命の夢破れ、お尋ね者となった青年にとって、この小さな通りが世界で唯一の心休まる場所だったからである。ビューヒナー（一八一三－一八三七）は、他の多くのドイツ人作家と同様、フランス革命の自由の理想に共鳴した一人だった。彼は二〇歳頃から政治的運動に身を投じる。ギーセンと故郷ダルムシュタットに政治秘密結社「人権協会」をつくり、そこで農民向けのパンフレッ

図 1-1　シュピーゲル・ガッセ 12 番、14 番

ト『ヘッセンの急使』を書き、蜂起を呼びかけようとするが、計画は密告によってあえなく官憲の知るところとなり、ビューヒナーは亡命を余儀なくされる。

「貴族たちは毎日が日曜日だ。きれいな家に住み、着飾って、手入れのいきとどいた顔で、自分たちにしか通じない言葉を話している。民衆はしかし畑にまかれた肥料のように、彼らの前に転がっている。百姓は鋤をおし、その後ろを貴族は悠然と歩き、百姓が牛を追い、貴族が百姓を追う。実《み》は貴族が刈り取り、百姓には切り株しか残さない。百姓は毎日が労働日だ。赤の他人が目の前で畑を刈り取っていく。体はたこだらけで、汗は貴族の食卓の塩になる。」

そしてヘッセン公国の税収を示したあとで、こう続ける。

「この金は民衆の体から吸い上げられた血税である。七〇万もの人間がそのために汗かき、あえぎ、飢えている。国家の名のもとに絞り上げられ、葡萄絞り人は政府の命でやっていると言い張り、政府は国家の秩序を維持するためにはそれは必要だという。では、その巨大な国家とやらはいったい何なのだ？　ある国に一定の人間が暮らすと、みんなが守らなければならない規則や法ができる。これが国家の起源だと人は言う。ということは国家はみんなのことであり、国家秩序は法、法によってすべての人の幸せは保証され、すべての人の幸せから法をつくらなければならない。だがこの大公国で国家からできたものは何なのだ？　国家秩序を守るとはどういうことなのだ？　七〇万人の人が六百万グルデンを支払う。それはつまり秩序の恩恵に与りたければ、畑を耕す牛や馬になるべしということ、秩序の中で生きるとは、飢え、搾取されるということなのだ。」

若い革命家の眼差しは搾取される貧しい農民と労働者に向けられている。彼を革命思想に駆り立てたのは、学生時代に触れたシラーの自由思想である。ギムナジウムの学生時代に書いた作文『四百人のプフォルツハイムの英雄的死』でビューヒナーは、自然と立ち向かいそれを克服することが崇高であり、さらに自分の宿命と戦うことが最高に崇高であると記している。シラーは論文『崇高について』で、世界とは自然と自然の、または自然と人間の闘いの場であり、その闘いの記録が歴史であるとした。闘いの中で物理的な力にたよるものはやがて滅びるが、内面の自由を模索する道徳的人間は暴力に屈せず、崇高な者として歴史に名を刻まれる。しかしこの崇高さは、フランス革命を舞台にしたビューヒナーの後年の戯曲『ダントンの死』には描かれなかった。歴史が手招きするのは崇高な英雄たちではなく、運命に翻弄され、未知の力に呑みこまれて惨めに断頭台の露と消える犠牲者たちである。非情な現実をビューヒナーは、若い頃に憧れたシラーの理想主義への反論として書き記したのである。そこには革命に失敗し、流浪の身となって初めて直に知った苦い現実があったはずだ。

官憲の手が伸びるのをいち早く察知したビューヒナーは故郷を去る。逮捕の危険におびえながらドイツを転々とする寄る辺ない生活の中、逃走資金を捻出するために書かれたのが『ダントンの死』である。挫折した革命への思いと逮捕の恐怖にさらされながら、彼はフランス革命の研究を始める。しかしそこに彼が見出したのは、気高い自由の理念からかけ離れた、血なまぐさい陰謀と暴力がうずまく下等な恐怖政治だけだった。彼は絶望的な調子で婚約者に書き送る。

「僕は革命史を研究した。歴史の恐ろしい宿命主義に打ちのめされたような気がした。僕には、人間本性の中に恐ろしいほどの同一性があり、人間というものの中には逃れることのできない力があるのがわかってきた。それはみんなに与えられているが、誰にも与えられていない力だ。個人は波間に浮かぶ泡沫にすぎず、偉業もほんの偶然、天才の支配もただの人形劇、鉄の法則に対する滑稽な悪あがきにすぎないのだ。僕たちにはそれを認識するのがせいぜいで、それを支配するときてはとうてい不可能だ」（一八三四年三月、ヴィルヘルミーネ・イェーグレ宛の手紙）。

フランス革命の英雄たちの悲劇的な運命は、歴史の波に呑みこまれる自分の姿と重なり合う。歴史のもつ抗いがたい暴力、すなわち鉄の法則の前では人間は泡沫にすぎず、ただ流れのままに消尽するしかない。この「歴史の宿命論」が彼に『ダントンの死』を書かせた。ロベスピエールと並ぶ革命の立て役者ジョルジュ・ダントンが処刑される一七九四年三月二四日から四月五日までを描いたこの戯曲は、一八三五年ビューヒナーが「せいぜい五週間くらいで」書き上げた傑作である。彼には時間がなかった。いつ逮捕されるかという不安におびえながら潜伏生活を送る中、逃亡資金を捻出するために大急ぎで書き上げる必要があったからである。作品は彼の天才をいち早く見抜いた作家グツコーによって買い手がつき、ビューヒナーは亡命先をチューリヒと定め落ちのびていく。

この作品の傑出している点はその迫真の心理描写である。英雄ダントンではなく、人間ダントンは革命の嵐に翻弄され、次第に自分自身と理想との間の距離を測りかねて自滅していく。そのさまはギリシア悲劇を彷彿とさせる。ビューヒナーの描く宿命は、ギリシアの英雄たちが呑みこまれた運命とまさに相似形なのである。主人公は決して理想的人物として描かれることはない。かつては力強い革命の理想に燃えていた英雄ダントンは、歴史の宿命の前では個人の努力など無に等しいことを悟って、享楽主義者に頽落していく。彼は娼婦たちとの情交にうつつを抜かす痴《し》れ者であり、政治的状況を読み違えるうつけ者であり、自暴自棄になっている弱い人間である。

数々の人間をギロチンに送ってきた孤独な男は、「すべてが荒涼としていて空虚だ、おれは一人っきりなんだ！」と叫ぶ。運命に翻弄される自分を「おれたちは夢遊病者ではないのか?!」と訴えるが、彼が見るのは甘い夢ではなく、九月虐殺という「悪夢」である。「死がもっと強力にすべてを忘れさせてくれればいいのに！」もちろん記憶を消してくれるものはない。そうした生き方は「死との戯れ」にすぎず、それがいつまで続くのかと考えただけで、彼の絶望は一層深くなる。そう、彼は避けがたい宿命に流されるただの人間にすぎない。「おれたちが革命を作ったのではなく、革命がおれたちを作ったのだ！」九月虐殺を後悔して、穏健派に転じようとするダントンは、ロベスピエールとの対立を深め、やがて自らも粛清されてしまう。ロベスピエールは道徳こそが自然、つまり人間の欲望を支配する最大の力だと信じていたが、その道徳とは恐怖（テロ）によってのみ守られるものだった。彼の恐怖政治と粛清に目をつむる同志サン・ジェストは、ある種のダーウィニストである。彼は自然の方がもっと非情であるとし、歴史の宿命を認めることで人間の本能に野獣性が潜むことはやむを得ないと自分に言い聞かせる。獣性を認め、革命を推し進めてきたダントンであったが、彼が、「僕らの心の中で淫売したり、嘘をついたり、盗んだり、殺したりするものは何なんだ？」と自問したとき、彼の破滅は始まった。

作品には強い虚無感が支配し、大きな力に無慈悲に呑みこまれる人間の悲哀、高い理想だけを掲げ現実に一顧だにしないエゴイズム、したたかな権謀術数と根強い疑心暗鬼、人間性への根本的な不信に満ちあふれている。ダントンの享楽主義も、ロベスピエールのストイシズムも所詮は消えてなくなるフランス革命の徒花《あだばな》にすぎない。それはビューヒナーが描いたヴォイツェックやレンツにも当てはまる。戯曲『ヴォイツェック』では妄想に取り憑かれた兵士が恋人を殺す狂気を描き、『レンツ』では精神病を患い、異常な世界を彷徨う詩人を描いた。それは正常と異常の敷居が、人が考える以上に低く、現実でも狂気でもない、寝ても覚めてもいない状況が実は日常と隣り合わせであることを思い知らせる。

　革命運動の失敗を機にビューヒナーを襲った、理性では回避も克服もできない何かがあるという恐怖が、『ヴォイツェック』や『ダントンの死』の宿命観にある。現代人が「狂気」と呼ぶものの存在に気づいた二〇歳を少し過ぎたばかりの青年は、夢破れて亡命先の小さな下宿屋で息を引きとる。

大きな革命家　レーニン

　ビューヒナーが逃亡生活のすえにたどり着いたシュピーゲル・ガッセは旧市街のはずれにあり、ゆるやかに傾斜しながらチューリヒ湖へ注ぐリマト川へと下っていく。ビューヒナーの家の隣一四番地にはもう一つプレートがあり、そこには、「ここに一九一六年二月二一日から、一九一七年四月二日まで、ロシア革命の指導者レーニンが住んだ」とある。ロシア革命の主導者であり、ソ連建国の父ウラディミール・イリイッチ・ウリアノフ・レーニンは、一九一四年第一次世界大戦が始まるとスイスに亡命し、一九一六年から一七年までこのチューリヒの靴屋の三階でスパイの目を逃れて隠れ住んだ。「鏡小路」の名の通り、奇《く》しくも二人の革命家が八〇年の時間を隔てて、合わせ鏡のように隣あって住んだのである。

　一九一七年三月一五日朝、いつもの通り州立図書館に向かおうとしたレーニンは友人から驚きの知らせを受ける。二月革命が勃発して、ツァー（皇帝ニコライ二世）が帝位を追われ、臨時政府ができたというのだ。チューリヒに到着以来、図書館に通い詰めで『帝国主義論』の執筆にかかりっきりだった風采のあがらない小男に、千載一遇のチャンスがめぐってきた。このままではただの国家転覆をもくろむ危険分子が、一転して国民解放の英雄になれるかもしれないのだ。スイスの各地に散って社会主義革命を夢想していた同士たちの思いはみな同じだった。彼らは一刻も早く故国に帰らなければならなかった。しかし資本主義を根本からくつがえそうとする、危険なボルシェビキたちに、スイスからサンクト・ペテルブルグまでの長い道中の無事を保証してくれる国など常識で考えてあるはずはない。折りしもレーニンは『帝国主義論』を書いて帝国批判と資本主義批判の熱弁をふるっていた。しかし彼をロシアまで無事送り届けようと提案をしてきたのは他でもなく、その批判の鉾先にいたドイツ皇帝ヴィルヘルム二世だった。皇帝が革命家に自国を通過して祖国に帰る許可を与えたのだ。意外だが、実はこれはずいぶん前から練られたシナリオだった。歴史の教科書では、第一次世界大戦の戦況がじり貧状態であったドイツが、無制限潜水艦作戦で米民間船を攻撃した結果、アメリカの参戦が避けられなくなり、西部戦線に戦力を振り向けるためには、ロシアと和平を結ばざるを得なかったからだと解説されている。しかし実際は大戦初期からドイツの外交官たちはスイスに逃れた革命分子たちを自陣に取り込んで、隙あらば彼らをロシアに送り帰し、ロシア帝国を内部から崩壊させようと画策していた。実際亡命直後の一九一五年すでに、レーニンはドイツ政府の関係者とコンタクトを取っている。それどころか、皇帝ヴィルヘルムは一九一六年八月七日の外交文書ですでに次のように書いている。「今わが軍の戦力をすべて敵に向けるためには、敵の同盟国の一つを単独講和によって引きはがすことが重要だ。［…］フランスはロシアにおそらくすぐに続くだろう。［…］ロシアの内輪もめがわれわれとの和平協定に影響をもつかぎりにおいて、戦闘をすればよいのだ。[1]」社会主義革命家と帝国官僚が裏で手を結んでいたというのは実に奇妙な関係だが、レーニンは実に巧みにこの国際政治の力学を利用した。

オーストリアの作家シュテファン・ツヴァイクは連作小説『人類の星の時間』で、権謀術数が渦巻く一九〇〇年初頭のチューリヒの様子と、そこを抜けでてレーニン一行がロシアに向けて亡命の地を旅立つ、劇的瞬間を描いている。[2]

「一九一七年四月九日の二時半に、トランクをかついでいる粗末な身なりの人々の小さな群れが、レストラン・ツェーリンガーホーフからチューリヒ駅へ向かって行った。全部で三十二人、その中には婦人たちや子供たちがまじっていた。男たちのうちただレーニン、シノヴィエフ、ラデックだけが広く知られている名前であった。［…］彼らの旅を是認しないスイスの労働党は代表者を一人も駅へ来させなかった。ただ数人のロシア人が見送りに来て、いくらかの食べものと故国へのことづてを与えた。また二三の人は、この最後の瞬間になおもレーニンに「無意味な、犯罪的な旅」を思いとどまるよう勧告に来た。しかしもう決心は変わらなかった。三時十分に車掌が出発の合図をした。そして列車はドイツ国境の駅ゴットマンディンゲンに向かって走りつづけた。」

革命の夢敗れた青年が息を引きとった同じ通りから、八〇年後、運命の糸に導かれて「世界をゆるがす」革命家が祖国に旅立った。二人の夢は正反対の結末をたどったが、意志は変わらなかった。飢え、搾取される牛馬の状態から人間を解放したいという意志がこの鏡小路に二人を引きよせた。ヨーロッパに小窓のように空いた小国の首都は、決して屈服しない小さな反骨者を受けいれたのである。

第二章　蒐集家は国境を越えられない

国境の駅ブックスを越えると「電光のように突然の安堵感がよみがえる」と作家シュテファン・ツヴァイクは書いた。一九一七年、彼は自作の戯曲『イェレミアス』のチューリヒでの上演のため、第一次世界大戦で疲弊し切った祖国オーストリアを出て、スイスへ向かった。境界をひとつまたいだだけで、そこはまったく別世界、もう何年も手に入らない物資があふれ、人が笑顔で歓談する世界があった。戦時中にもかかわらず、彼が兵役を終えてなぜ中立国へ出国できたのか、作家は多くを語らない。彼が報告するのは、オーストリア政府がこの愚かしい戦争に飽き飽きして、祖国の良心の証明のように文学作品をたずさえて、スイスに渡る作家に好意的だったということだけだ。しかしそれは事実であろうか。

ＥＵでヨーロッパが統一されつつある今日、人と物の往来が比較的自由になり、西欧からは事実上「国境」が消えた。一九八〇年代にわたしのように初めてヨーロッパを旅したものには、現在のあっけらかんとした国境通過はやや拍子抜けだ。当時は列車が殺風景な国境の中間駅に止められると、警備隊が物々しく乗り込んできた。折りしも社会主義が崩壊して、多くの人々が東ヨーロッパから西側目指して押し寄せてきた時期だった。「パス　コントロレ！」を繰り返しながらコンパートメントに入ってきた検査官は、ときには座席のシートをまくり上げて下まで調べた。警察犬同伴のときもあった。自分が外国人であり、犯罪予備軍と見なされていることをまず意識させられる瞬間が必ずあったわけだが、それが通貨統合によって消滅してしまい、いつの間にか出入り自由ののっぺりとした大陸になってしまった。

しかしドイツについて勉強していると、国境の問題は避けて通れない。ＥＵ加盟国内の移動の自由を認めたシェンゲン協定により、東欧の安い労働力がこの国に流れ込むことや、紛争地帯からの難民の多くがこの経済大国を目指してやってくることなど、昨今の政治情勢は依然として国境が存在することを示している。今から二五年前にはこの国にはまだ資本主義と社会主義を分ける壁があり、自由を求める多くの人がそれを越えようとして命を落とした。『善き人のためのソナタ』であれ、『トンネル』であれ、『ゾンネン・アレー』であれ、『チェックポイント・チャーリーの女』であれ、旧東独を描いた近年のドイツ映画の秀作には必ずといってよいほど、壁を越える人たちが登場する。ドイツだけではない、一九五六年のハンガリー動乱を生きた恋人を描いた、ミラン・クンデラの『存在の耐えがたい軽さ』も国境をテーマにした名作だ。自由を求める民主化運動がソ連軍の介入で挫折し、外科医のトマシュは恋人テレーザとともにいったんは国外に亡命するが、彼の浮気癖に業を煮やして帰国してしまったテレーザを追って、彼もブタペストに戻る。国境でパスポートを取りあげられれば、再出国の望みは絶たれる。反政府活動家の烙印を押され、社会の底辺で生きることを余儀なくされることを百も承知で、主人公は愛を選ぶのだ。

旧東ドイツの女性作家クリスタ・ヴォルフの代表作『引き裂かれた空』もイデオロギーに引き裂かれる二人の恋人を描いている。東独の小さな工場で働くリータは、自由を求めて西ベルリンに逃れた恋人マンフレートを追って再会を果たすが、二人の間には埋めようもない大きな溝が生まれている。東独社会の芯まで浸透した生活原理である、忍耐や自己犠牲をマンフレートはあざ笑い、愛も資本主義社会の効率主義に還元していこうとする。そんな恋人に未来を見いだせないリータは、豊かさへの切符を手にしながらそれを捨てて、社会主義の国に戻っていく。

「むかしの恋人たちは別れる前に、夜の星に、ふたりが同時に見つめ合うことのできる星を探し求めたという。わたしたちは、何を探せばよいのだろう。『空だけはさすがに、誰も分けることはできない』と、マンフレートが冗談のように言った。空は。この希望と憧憬、愛と悲しみの丸天井は。『そうじゃないわ』と、リータが低い声で言った。『空がいちばんはじめに分かれるのよ』」（『引き裂かれた空』井上正蔵訳　集英社　一九七七年　三一九－二〇頁）。

国家が掲げるイデオロギーの前では、ふたりの若い恋人の愛など何の力ももたない。マンフレートの口から飛びだす東独批判はどれももっともだが、クリスタ・ヴォルフはそれを梃子《てこ》にして、やんわりと資本主義政権を批判する。この作品が発表されてから二七年後の一九八九年一一月九日ベルリンの壁は崩壊する。ヴォルフは街頭に出て市民集会でマイクをにぎり、東独存続の意義を訴えるがむなしく、やがて自身も秘密警察の協力者であったことが暴露され、名声は地に堕ちた。

国境のユダヤ人

国境が最も大きな意味をもつのは戦時だ。それは生と死の間仕切り線となる。ヨーロッパ近代史で最も劇的なのはやはりスイス国境であろう。ヒトラーの政権奪取後、庇護を求めてくる大量のユダヤ人たちに手を焼いたスイス政府はドイツ政府にユダヤ人のパスポートに大きなJのスタンプを押して、ユダヤ人とすぐに識別できるようにしてほしいと要請した。Jは「ユダヤ人(Jude)」を意味する。交換条件は、アーリア系ドイツ人の査証なしでのスイス入国である。この一九三八年に始まった人種主義政策は、山岳地帯の小国家に政治的センスが欠けていたというだけでは済まされない、重大な結果を招いた。まるでカインの徴のような、赤いJのスタンプのパスポートをもった数万人のユダヤ人たちは国境で入国を拒否され、ファシズムからの逃げ場を失って強制収容所で命を失うことになったからである。パスポートにスタンプを押したドイツ人たちは戦後その咎を、無条件での難民受入という方法で償ったが、共犯者は罪を逃れた。

第二次大戦中、スイスが特に経済面で積極的な対独協力者であったことはよく知られている。「凶悪なファシズム国家にはさまれて、山岳の小国家に他に何ができたというのか」というスイス人たちの言い分には確かに半面の真実があるが、もう半面に反省が伴わなければ国際国家としての信用を失うことになる。しかし、何もできないと言いつつ、自分の利益のためにうまく立ち回った政治家や企業家と対照的に、勇気をもって隣国のファシズムを非難し、ユダヤ人の救済を求めたスイス人たちもいたことを、二〇一四年一月二三日付のツァイト紙は伝えている。

一九四二年九月七日ボーデン湖畔の小さな都市ロールシャッハの女子中学校の生徒たち二二名が連名でベルンの中央政府に送った書簡は次のように始まる。「敬愛する連邦評議員のみなさん、わたしたちの学校では、難民たちがかくも無慈悲に悲惨さの中へ突き戻されているのを知って、みな激怒していることをお伝えせざるを得ません。」

ドイツとオーストリアと国境を接する、スイスの中でも比較的インターナショナルな土地に育った多感な少女たちは、難民の悲惨な現実に接する機会も多かったのだろう。一四、五歳の少女たちの書いた正義の手紙には心打たれるものがある。『汝らの中の最も恵まれないものに行ったことは、わたしに行ったことなのだ』と言ったイエスの言葉をお忘れでしょうか。慈愛に満ちたスイスという平和の島が、震え凍える哀れな人たちをまるで犬猫のように国境へと投げ捨てるなどと、思ってもみませんでした。」「こうした人たちは、わたしたちの国に最後の希望を託したのではないでしょうか。それなのに、確実に死が待っている祖国に突き返されるなんて、何て残

図 2-1　ロールシャッハ女子中学校の生徒たち

酷で恐ろしい絶望でしょう。」

　少女たちが「激怒」した理由は、哀れな難民が凍えていたからだけではない。彼女たちは、ナチスが行っている「最終解決」とは何か、東欧に移送されていったユダヤ人をどんな運命が待っているのかをメディアを通して十分知っていたからだ。そして、それにもかかわらず連邦政府が、彼らを政治的亡命者として認めず、例外なくすべて門前払いで閉め出し、それどころか国内に潜伏するものまで逮捕しドイツ側に引き渡していたことに、激怒したのである。手紙は、「ボートは満杯だ」という言葉で有名な連邦評議員のエドアルト・フォン・シュタイガーが受け取った。女学生の抗議を重大な反国家的行為だと考えた彼は即座に法律顧問に相談し、事実関係を調べるため、学生たちはもちろん、教師たちも尋問する。学生たちが誰に教唆を受けたわけでもなく、まったく自発的に手紙を書いて送ったことを知った教育委員会は、少女たちにこの件を口外することを禁じ、一件落着とした。

大戦終了までにスイス国境で入国を拒否された外国人は三万人ともいわれている。もしスイス政府が少女たちの勇気ある激怒に貸す耳をもっていたら、そしてもしJ・スタンプを無視する勇気をもっていたら、どれだけのユダヤ人が救われていただろう。絶望的な人々を前にして湧く、ごく当たり前の憐憫の情は、利己的な愛国心よりもずっと強く、国の品格を高めたはずである。

ヴァルター・ベンヤミン

第二次大戦では多くのユダヤ人がナチスの犠牲となったが、その中には逃げ遅れた知識人も少なからずいた。その典型はヴァルター・ベンヤミンであろう。一九三三年一月にヒトラーが政権を奪取するとすぐ三月中旬に彼はドイツを出国し、スペインのイビサ島に向かった。しかしその後、実に七年ものあいだ反ユダヤ主義の吹き荒れる大陸に留まり続け、一九四〇年いよいよせっぱ詰まってピレネー山脈を越えてスペイン側に脱出しようとしてかなわず、自ら命を絶った。そんなにも長い間、そんなにも危険な状況で彼は何を逡巡したのか。同時期にドイツを後にしたカッシーラーやクラカウアーやエルンスト・ブロッホはナチスの追っ手の届かない安全地帯までいち早く逃げたのに、ベンヤミンは相変わらずパリの国立図書館でのんきに調べ物をしている。フランクフルト大学でのポストに固執し、ようやく一九三四年になってドイツを捨てる決心をしたア

図 2-2　パリ国立図書館のベンヤミン

ドルノよりも結局出遅れた。教授資格論文が認められず、定職をもたないフリーの文芸評論家として生計を立てていた彼にとって、ドイツは未練も失うものもない土地ではなかったのか。

逃げ足を遅らせたのは、彼の「蒐集」癖だった。

ベンヤミンが徒歩でピレネー山脈を越えようとした時、大きな黒鞄をかかえていたことはよく知られている。その中には彼がファシズムの魔の手をかいくぐって書きためた草稿と書き抜きがぎっしり詰まっていたと言われている。[1]山越えの前日、山の中腹まで下見にきた彼は戻って官憲に捕まることを恐れて下山せず、そのまま山中で夜を明かした。命が惜しかったからではない。早朝そんな大きな黒鞄をもって再び山に登ればいやでも人目についてしまうからだ。九月下旬のピレネーはずいぶん寒かったはずだが、彼にとっては黒鞄は命にかえても守りたいものだった。蔵書も図書館も失った本の虫（と、ハンナ・アーレントは彼を呼んだ）は、行き止まりの現実で未来の書物を抱いて寝た。黒鞄もそのことを知っていたのだろう。それはベンヤミンの死とともにこの世から姿を消した。

学術機関や芸術の分野ですでに確固たる地位を築いていた著名なユダヤ人にとって、ドイツの学術と芸術を支えているのは自分たちだという自負があった反面、西欧社会の寄食者だという負い目もあった。それから逃れるためにユダヤ人インテリは「良質で優秀なドイツ市民」になろうと努力する。彼らの中にはキリスト教に改宗し、西欧的世界観や生活様式に順応し、芸術・文化を愛し、政治面では市民の義務である徴兵にもすすんで応じた。模範的ドイツ人になろうという努力は彼らをドイツ人以上にドイツ人らしくしていった。彼らが目指したのは啓蒙的教養人であり、芸術を愛するサロン的文化人という、古典主義以来のドイツ人の理想型である。そのために必要だったのが「蒐集」なのだ。美術商を父にもつベンヤミンが大変なコレクターだったことは知られている。蔵書で埋め尽くされたベルリンの住居は彼の知の源泉だった。そして彼にとってドイツを捨てるということは、蔵書を捨て、彼の批評家としてのペンを捨てることを意味した。それに比べればファシストの暴力など恐れるに足るものではなかった。ドイツ的文化から引き離されることをベンヤミンがどれほど憂いたか、親友ショーレムに宛てた手紙で彼は次のように書いている。

「ぼくについていえば、ぼくのなかに、それもやっと一週間まえに、あいまいなかたちで、ドイツを去る決心を急速に発展させたものは、こういう――ずっと前から多少とも予想できていた――（迫害の）状況ではなかった。それはむしろ、ほとんど数学的な同時性をもって、およそ言うに足りるすべての個所から原稿が返却され、進行中ないし成約まぎわの交渉が打ち切られ、問い合わせが返事もなしに打ち捨てられたことだった。〔…〕むろんぼくの身近なひとで、ぼくが旅立ったときにドイツに残っていたひとは、もうあまり多くなかった。ブレヒト、クラカウアー、エルンスト・ブロッホは、手遅れにならぬうちに出国した。〔…〕エルンスト・シェーンは逮捕されたが、その後また釈放されている」（一九三三年三月二〇日宛書簡）。

数学的同時性が政治的暴力のシグナルであることに気づいていても、発表先があるうちはドイツに留まろうとしたベンヤミンの楽観主義は哀れみさえ誘う。自分たちを迫害する人間の言語でまだ書きたいという心境の底には、やがてドイツはそうした狂った人々から解放されるという希望があったのだろうが、果たして本当にそうなのだろうか。

シュテファン・ツヴァイク

民族がトーラーという聖典を読むことで叡知を培ったからだろうが、ユダヤ人インテリの本に対する執着は並々ならぬものがある。それは「書痴」という文学ジャンルを形成しているほどだ。

書痴とは、本を読み漁るあまり、世知に疎くなった人を軽蔑していう言葉だ。古くはいにしえの英雄物語に耽溺するあまり、時代錯誤な冒険の旅に出るセルバンテスのドン・キホーテ、近くはサルトルが『嘔吐』で描いた、図書館のAからZまですべてを読破しようとしている独学者、あるいはエリアス・カネッティの『眩暈《めまい》』に登場する、蔵書家にして図書館を炎上させるキーン氏が思い浮かぶ。サルトルもカネッティもユダヤ人だし、セルバンテスもそうだといわれている。同じくユダヤ人のツヴァイクも悲しい本の虫の小説『書痴メンデル』を書いている。[2]

メンデルは、ウィーンの有名カフェ・グルックの伝説的な客だった。あらゆるジャンルの書籍に精通した彼のもとには、文献を捜す大学教授や作家たちがひっきりなしに訪れたので、カフェの主人も彼に指定席を与え、そのテーブルが彼の事務所兼生活場所となっていた。そこにメンデルは毎朝七時三〇分きっちりに現れ、終日本を読みふける生活を三〇年以上も続けていた。無欲で、生活は質素を極め、みすぼらしいなりをしてはいたが、その博識は世に聞こえ、プリンストン大学の創立者に司書にと請われるほどだったが、あえて彼は市井の読書家という地位を捨てることはなかった。しかしそれは第一次世界大戦が始まるまでの平和なウィーンだからこそ可能な、のどかな教養の風景だった。大戦が始まり、オーストリアも参戦すると世相は一転して、窮乏の中での生活を市民は強いられるようになる。しかしメンデルだけはちがった。彼は大戦が始まったことすら知らなかったのだ。しかしそれが仇になる。相変わらずグルックでの生活を続けながら書いたロンドンやパリへの書籍照会の手紙が災いして秘密警察に逮捕され、さらには彼の家族がロシアから密入国した東方ユダヤ人であることがばれてしまうのだ。戦時非常事態の意味も、ユダヤ人であることの意味も理解できない彼はスパイの嫌疑をかけられて強制収容所に送られる。二年の歳月が経ち、釈放されたメンデルは再びグルックに戻ってくるが、もうそれは天才的な記憶力で本の世界を支配したメンデルではなかった。世間も変わっていた。新しいオーナは、廃人のようになりながらも店に陣取るメンデルを煩わしく思っていたが、あるとき彼が店のパンを二つ盗んだ現場を取り押さえて、それを口実に彼を店から追い出してしまう。店の人が彼を次に目にしたとき、もはや彼は正気ではなく、すべての記憶を失った狂人だった。

この作品の舞台は第一次大戦だが、これが発表されたのは、ニューヨークの株式市場で株価の大暴落が起こり、世界恐慌が始まった一九二九年一〇月の一ヶ月後だ。書籍文化人としてウィーンの名士に親しまれたメンデルが、辱められて狂ってしまう顚末は、世界の紙幣を一瞬にして紙屑にしてしまった金融恐慌が、本も同様に紙屑にしてしまう過程を描いている。メンデルの姿にツヴァイクはもちろん自分の姿を重ね合わせ、いくぶん自嘲気味に記憶や本のはかなさを嘆いている。メンデルが収容所から帰還した一九一七年とは、ツヴァイク自身が戦争中の祖国を後にして、文化大使気取りで自作『イェレミアス』の上演のためにスイス国境を越えた年だ。世に容れられないユダヤ人預言者はその一二年後、人々の笑いものとなって発狂し憤死するユダヤ人書痴に姿を変えていた。その屈辱的な姿をツヴァイク自身も受けいれざるを得ない日が彼にもやがて訪れる。

ハンナ・アーレント

時代はファシズムに向かって着実に歩を進めていたが、首にかけられた縄が締まれば締まるほど、その恐怖から逃れるためにドイツ人の書物に耽溺するユダヤ人が増えたことは皮肉である。もっと別の抵抗の形があったのではないかという疑問をぶつけたのが、同じく故国を捨ててパリに逃れ、アメリカに渡るハンナ・アーレントだ。

彼女が厳しく批判するのが、「絶望と隣り合わせの、正気とはいいがたい楽観主義」であり、その代表格がシュテファン・ツヴァイクであり、ヴァルター・ベンヤミンだ。彼女自身、パリに逃れ、そこでしばらくユダヤ難民のための援助機関で働くが、そこで出会った多くのユダヤ人「元名士」たちが祖国ドイツから引きずってきた過去に後ろ髪を引かれているのを苦々しい思いで見つめ、「かつてセントバーナード犬だったことを哀しく回顧する、孤独な宿無しダックスフントたち」と呼んでいる。[3] ともかくも生きるためには日々の労働をこなさなければならないはずなのに、斡旋された仕事が不本意だとして、「わたしが誰だかご存じない？　わたしはベルリンのカールシュタット（大手百貨店）の売場主任だったのですよ！」と叫ぶ男が滑稽なのは、この男が自分の置かれている立場を理解できず、相変わらず自分を社会の敵として追いはらった連中の物差しでしか自分を測れないからだ。こうした人間をアーレントは楽観主義者と呼ぶ。やがてすべてを、生活を、自信を、職を、言葉を、感情表現を、親類を失ったことが、いまや否定できない事実として突きつけられると、今度は彼らは受入先でできるだけ暗い過去を早く忘れ、フランス人やアメリカ人になりきろうとする。祖国で受けた恥辱を恥じ、それを悲観することを恥じ、見た目だけは快活な楽観主義者を装って、再び健康的な市民として認められるよう努力し始める。しかし抗議し闘うことを放棄した代償は大きい。多くの亡命者があっけなく自殺したことをアーレントは報告する。ユダヤ人であることを社会に否定され、自分もユダヤ人であることを否定することで、誰でもない人になったことが人を死に追い詰めるのだ。その典型がツヴァイクである。『われら難民』と同じく一九四三年に書かれたツヴァイク論でアーレントはこの作家の楽観主義と、スノビズムと、あっけない死を徹底的に批判するが、ここでのキーワードは先に述べた「蒐集」である。

プロイセン王国のシュタイン・ハルデンベルク改革が典型的であるように、一九世紀に入ると社会はユダヤ人の同化を進めることで、彼らの資本と人脈を経済と政治に取り込もうとした。これにより市民権を得たユダヤ人は政治経済だけではなく、文化面でもリーダー的役割を果たすようになる。ツヴァイクが誇らしげに、「一九世紀において世界がウィーン文化としてたたえたもののうち十中八九はウィーンのユダヤ人によって促進、育成され、さらには創造されたものである」[4]と書くのは誇張ではない。しかしそこから聞こえてくるのはユダヤ人としての矜持だけではなく、コンプレックス、そしてそれと裏返しのルサンチマンである。彼は「名声のもつ燦然たる力」のオーラをまといさえすれば、社会的に故郷をもたないものが故郷を手にいれることができる、それどころか国境を越えて、偏見が力をもたない外国で国際的著名人として活動できることを知った。

ツヴァイクは無類の伝記作家として知られているが、アーレントはその中に作家の「偉大さへの執着」と、それとの自己同定、ヨーロッパ的なものへのコンプレックスと憧憬を見る。ツヴァイクが『人類の星の時間』で描いた、歴史を変える瞬間は実は彼が、薄汚い東欧ユダヤ人から区別され、西欧的な偉大さへ、一流作家へ、国際的著名人へと変身する瞬間でもあったのだ。彼は有名になることをひたすら望んだ。そして金融恐慌の中であえぐ失業者についても、傍流文学者のカフカやブレヒトについても一言も言及しなかった。ドイツ人の理想的知性であるゲーテのように超然と政治を見おろし得ると考え、反ユダヤ感情は東欧の貧しい経済難民に向けられていると信じ、首にかかった縄が締まれば締まるほど、熱心にザルツブルクの山麓にある自宅にヨーロッパ各地から著名人を招いてパーティをしてみせた。ロマン・ロラン、トスカニーニ、それどころか帝国音楽院総裁リヒャルト・シュトラウスまでも歓迎し、来客帳にせっせと著名な同時代人のサインを集め、彼らと仲睦まじく歓談する姿を写真に撮らせた。そうした「ヨーロッパの蒐集」こそが彼を他の無一文のユダヤ人から区別し、収容所送りから免れさせると彼は本気で信じた。ここにいま一人——ベンヤミンとは別の意味でだが——蒐集品に足をとられ身動きできなくなったユダヤ人がいる。著述というコレクションが、真綿で首を絞めるようにじわじわとツヴァイクを追い詰めたのだ。アーレントは書く。「彼ら（ユダヤ人）にとっては、『地上で最もかぐわしく、シーラーズのバラよりも甘い香りは、印刷機のインクのにおい（であった）』というのはなおさら驚くにはあたらない。彼らの生活にとって、本の出版、書評、献本、外国語への翻訳ほど喜びにみちたものはなかった。」（同一二三頁）。書けなくなるとはツヴァイクにとって名声を失うことを意味し、名声を失うとは再びユダヤ人に逆戻りすることを意味した。この点をアーレントは厳しく批判する。「こうして、自身の民族にかかわる事柄に一度も関心を払ったことがないユダヤ人のブルジョワ文人は、自分の敵の犠牲者となり、自分の生がもはや耐えがたいものになるほどの恥辱を味わった」（同一二五頁）。一九一七年に、負け組であることをあえて逆手にとってユダヤの神聖を訴えようとした作家は、一〇年のうちに作家になることが勝ち組の条件であると気づいた。これは、書くことだけに純粋な意味を見出し、それ以外に何ももたなかったベンヤミンとは大きく異なっている。ベンヤミンの書くことは、徹底して「不器用さ」の表明だった。

アーレントはベンヤミンの不器用さを母親のような優しさで見つめている。亡命先のパリで彼女は、亡命ユダヤ人のたまり場となっていたドンバル通り一〇番のベンヤミンのアパートにしばしば通った。祖国を追われたインテリや芸術家が反ファシズムの気炎をあげるのを、ベンヤミンは物静かに聞いていたのだろう。

「しかしながら、『死んで勝利をかちえた』人々の生涯には、格付けされえないものという純然たる事実のほかにそれほど客観的でない要素も存在する。それは不運の要素であり、ベンヤミンの生涯においてきわめて顕著であったこの要素は、おそらく死後の名声について夢想することもなかったであろうかれ自身が、それについては異常なまでに気づいていたがゆえに、ここで無視することのできないものである。著作のなかでも、また会話のなかでも、かれは、ドイツ民謡集として有名な『少年の魔法の角笛』に出てくるドイツ童話の人物「せむしの侏儒」について語るのが常であった。

ぶどう酒をとりだそうと
地下の穴蔵に降りて行くと、
そこにはせむしの侏儒がいて
ぼくからジョッキをひったくった。

スープを作ろうと
台所に入って行くと、
そこにはせむしの侏儒がいて
ぼくの小さなポットがこわれていた。」

（ハンナ・アーレント『ヴァルター・ベンヤミン』、「暗い時代の人々」（阿部 齊訳）収録、二四六頁以下）。

ドイツの母親は小さな子供たちのささいな失敗に、「しくじりやさんが宜しくって」といって慰めた。悪いのは子供たちではなく、侏儒が彼らを見つめていたからで、それは不運だったのだと。ベンヤミンは『ベルリンの幼年時代』で、子供の頃に読んだこのせむしの侏儒の話をやがて、「死にゆくものの目の前を横切る幻想」と信じるようになったと語っているが、これをパリでアーレントに話したとき、自分の運命を予言するつもりだったのかもしれない。そしてその予言は的中し、彼は安全なパリを出て、最も危険なピレネー越えへと吸いよせられ、最も不運な偶然で足止めをくい、命を絶ってしまったのである。彼は意識が遠のくその瞬間に、自分の運命をもてあそんだ侏儒の姿を見たのだろうか。

逃げそこなった客

南アメリカに移住しても、ツヴァイクは相変わらず栄光につつまれた。講演旅行で訪れた各地で大歓迎を受け、ヨーロッパを代表する文学者として発言することを許されたが、彼にとってのヨーロッパとは、もはや背後に広がる昨日のものでしかなくなっていた。しかし古き佳きヨーロッパ自体、ただの幻想に過ぎなかったのではないだろうか。彼は、カフェを追い出されるメンデルに次のような疑問を投げかけていた。

「しかもその市民というのは、外国を故郷と思い定めて長年のあいだそこに住み、ツングース族やアラウカーナー族たちのあいだでさえ神聖なものとされている客としての権利を正直に信じたばかりに逃げそこなった人たちなのだ――これこそ、フランス、ドイツ、イギリス、いや、気のちがったわれわれのヨーロッパのどこででも同じく無意味に犯された、文明に対する犯罪というべきである。」（『書痴メンデル』二一〇頁）。

客としての権利とは、ヨーロッパが古代ギリシアの昔から守ってきた客人歓待の法である。宿無しの旅人に神聖な何かを見て、温かく迎えるべきだと考えた奥ゆかしい掟を、金融恐慌に押し潰された市民と、自分たちの目先の利益にしか興味のないナショナリストが守るとでも考えたのであろうか。そもそもヨーロッパ人がツングース族や南米のアラウカーナー族よりすぐれた倫理観をもっているなどと考えていること自体、この作家の「いいようもない凡庸さ」（ハンナ・アーレント）をよく表している。非人道的な近代戦争を考案し、民族浄化の名のもとに隣人の始末を平然とおこなうような人間たちに、自然と共生して生きてきた素朴な人々が劣るはずがない。二度の大戦にせよ、アウシュヴィッツにせよ、西欧文明の変種ではなく、啓蒙主義以来の、西欧ヒューマニズムの当然の帰結だということがこの作家には最後まで理解できなかった。彼を根絶やしにしようとしたのが、彼が「偉大なヨーロッパ人」として崇めた人々だということに最後まで気づかなかったのだ。

理性が最も狂暴だということに気づかない歴史小説家は、つねに予定調和的な結末しか用意しない。理屈で割りきれないものは切り捨てられ、切りそろえられた見栄えのよい庭のような作品ができあがる。ファシズムの軍靴が次第に音高く響き始める一九三二年に完成した『マリー・アントワネット』は、ツヴァイクの内面の焦燥とそれを克服しようとする意志をよく描き出している。

革命政府に扇動された群衆によって、ヴェルサイユ宮殿かからパリに連れ戻されたフランス王一家は、チュイルリー宮殿で質素な暮らしを始める。国民会議の真意を測ることは難しく、王妃であり、母であるマリー・アントワネットは家族の身の安全を案じて不安な日々を送っている。政治的な駆け引きで時局を乗り切ろうとする努力は実を結ばず、時はいたずらに過ぎ、日に日に情勢は悪化していく。優柔不断な夫ルイは当てにならない。彼女はパリを脱出して、王室派の人々のもとで形勢の立て直しを画策する。王妃は大使メルシーに書く。「しかしすでに私たちは破滅する運命にある以上、私たちの義務が命ずるいっさいのことを、名誉と宗教のために果した上で、せめて堂々たる、はなばなしい破滅であってほしいと念願いたしております。」(下巻、八八頁)。

座して死を待つより、討って出る。もちろんそれは失敗すれば、死を意味するものであった。夜陰にまぎれて王宮を脱出するはずが、随行人員はどんどん増え、それに比例して荷物も増え、まるで大名行列のような逃避行となる。いやしくもフランス王たるもの下男に扮装して、オンボロ馬車で夜逃げするわけにはいかない。もてるものたちが最後のあがきで、蒐集品を何とかもちだそうとするなか、マリー・アントワネットだけは機敏な働きをみせ、一家はともかくも幽閉先を脱出することに成功する。馬車がパリの町を疾走し、郊外へと向かう緊迫した描写は本当に手に汗にぎる。計算されつくした名人の語り口に乗せられてぐんぐんと引き込まれていく。しかしそれはまさに計算された歴史なのだ。ツヴァイクは、フランス革命も、国民議会も、暴徒も、王党派も、ルイ一家もまるでマリオネットの人形のように操れることに得意になっている。彼の眼は超越者の視線なのだ。彼は登場人物のあらゆる所作、あらゆる表情を「蒐集」し、心理法則に沿って組み立てれば歴史が書けると信じていた。正確な因果律にそって展開する物語には破綻がない。

しかしフランス革命とはそうした唯一原因的なものなのだろうか。権謀術数が渦巻き、裏切りが裏切りを呼び、恐怖政治へと突きすすむ、革命政府の内幕を知れば知るほど、国王夫妻をギロチン台に向かわせたのが底なしの非理性、説明のつかない政治的疑心暗鬼であったことは明らかになる。ツヴァイクは歴史の深淵と、そこに蠢く人々の心の闇を見誤ったのではないか。同じフランス革命を描きながらも、ビュヒナーの『ダントン』が、ロベスピエールやダントンの血なまぐさい正義と、出口のない理性の機能不全を描いたのに対し、ツヴァイクのフランス革命はまるで大河ドラマのようなあっけらかんとした娯楽性に満ちている。

彼は一九三〇年代のファシズムもおそらくそうした暴徒の反乱程度にしか見ていなかったのではないだろうか。災厄はやがて去り、ヨーロッパに秩序は再び取りもどされると。マリー・アントワネットの脱出劇とその失敗は、高貴な王妃が名誉にかけておこなったものであるがゆえに、何人も否定できないほど高貴なものである。牢獄で最後の手紙をつづり終え、ギロチン台に向かう王妃の心情をツヴァイクは代弁する。「この世でなすべきはもう多くはない。ただひとつだけ、死ぬこと。しかも立派に死ぬことが残されているだけだ」（下巻、三三四頁）。この手紙は現存し、王政復古した後、再びルイの弟の手に戻り、人々の感動を呼ぶ。それと同様ツヴァイクも彼の作品が、快復したヨーロッパで読まれることで、彼が味わった恥辱から解放されるのを望んだのだろう。

人生の「星の瞬間」だけを切り取り、その燃焼度の高さにその人の人生の価値を見出そうとする歴史小説家は、その瞬間がその人の人生と無関係であるかもしれないことを知らない。運命の無軌道さや、通約不能な情念が人間をこの上なく幸福にも、また不幸にもすることを知らない。人生とは感動に向けて準備される長い助走ではなく、現実のいつ終わるともしれない果てしない積み重ねであり、それはそもそも屈辱的であることを前提としている。名声を渇望し、現実に眼をつむり、最後に真の恥辱にまみれたツヴァイクに、それゆえハンナ・アーレントは呼びかけるのだ。「ユダヤ人であることの『恥辱』から逃れる道はただひとつしかない——ユダヤ民族全体の名誉のためにたたかうこと」（『シュテファン・ツヴァイク』一二六頁）。もちろんそれは彼には遅すぎた忠告だったが。

第三章　「すべてを殺せ。神は神のものを知りたもう」
——南仏カタリ派の悲劇

蒐集家は抵抗者《レジスタント》にはなれない。繋累も財産ももたない孤独が、批判精神の牽引力となる。これは、ヨーロッパ史の中で強烈な教会批判と社会改革思想の理論的中核に「清貧思想」があったことを思い出させる。ここからは時代を一気にさかのぼって、ヨーロッパ中世一三世紀の反骨者たちの物語を始めよう。舞台は、ベンヤミンが越えられなかったピレネー山脈の近く、南仏ラングドック地方である。

カルカッソンヌの五人の息子

朽ちかけた白い城に続く細い山道をわたしは登っていく。麓の村はすでにはるか眼下に遠い。城壁は標高八百メートル上空を吹きすさぶ強風にたたかれ、いたるところで岩肌を露わにしている。それでも八百年の風雪に堪えて石灰岩の岩城は生き残った。足元では南フランスの春を待ちわびた早春の草花が揺れている。

中世の古都カルカッソンヌから路線バスに揺られ一時間、小さな村キランでバスをタクシーに乗り換えさらに一時間、サル川を遡り、さらに山岳地帯を登っていくと、連なる山嶺が白い絶壁を剥き出しにして立ち上がってくる。目を凝らせば自然の構築物ではない、水櫓《みずやぐら》が見てとれる。これが古城ピエールペルテューズ（Peyrepertuse）、南仏ラングドック地方の石灰岩の岩山に築かれた五つの奇城、ピュイローランス（Puilaurens）、ケリビュス（Queribus）、アギラール（Aguilar）、テルメ（Termes）の一つで、いわゆる「カルカッソンヌを守る五人の息子」の一人だ。東西に三百メートルほど広がった山の稜線上に二つの城郭を有する堂々とした山城がかつてここに存在した。一一世紀にナルボンヌ家に嫁いだベサリュ伯の娘が持参したことに始まるこの城の歴史はその後の政治状況によって、あるときはアラゴン王国の支配下に、あるときはアラゴン王国に対峙するフランス王国の支配下に入った。一二一七年にシモン・ド・モンフォール率いるアルビジョア十字軍に膝を屈したが、それ以降もピエールペルテューズの当主はこの地帯の異端者カタリ派に門を閉ざすことなく、城内にかくまったことはこの城に歴史的勇姿を与えた。一二四〇年にフランス王の軍に占領され、城は略奪され、城内のカタリも一掃され、これ以後はただの軍事要塞となって、城は歴史的な意味を失い、一六五九年のピレネー平和条約以降は荒城となって打ち棄てられた。

図 3-1　ピエールペルテューズ城

坂道を登り切るとそこには中庭があり、季節外れの観光客が数人散策している。城の反対側は切り立った崖が何十メートルも奈落に落ちている。外壁はもちろん、部屋を仕切る壁もほとんど崩れて、その裂け目を子供たちが歓声をあげながらくぐり抜けて遊んでいる。南側の階段を下っていくと、卵を縦に真っ二つに割ったような空間に出た。天井に収斂する美しいボールトから礼拝堂であることがわかる。東側にわずかに開いたスリットから光を採ってミサをあげたのであろう。わずか五メートル四方の狭い空間にカタリ信徒は肩を寄せ合うようにして祈りを捧げた。ステンドグラスも何もない岩屋のなかで、わずかな光を頼りに。切れ窓をぬける突風がヒューヒューとうなり声を上げた。

カルカッソンヌとその五人の息子たちと切っても切れない縁のある「カタリ」とはいったい何なのであろうか。「カタリ」という言葉は知らなくとも、アリストテレスの「カタルシス」を知らない人はいないだろう。観客の胸のモヤモヤをすっきりさせてくれる悲劇の最も大きな効用のことだが、二つの語は「浄化する」を意味する同じギリシア語の動詞「カタイレイン」に由来する。カタリはそれゆえ「浄化された者」を意味し、主としてキリスト教の異端信仰者を表す（ドイツ語で異端者を「ケッツァー（Ketzer）」と呼ぶが、これもここから来ている）。キリスト教とて一枚岩ではない。あの教父アウグスティヌスでさえ青年の頃、ペルシャに由来する二元論マニ教に心酔していた。物欲や権力欲にまみれた現世が悪であり、そこからのラディカルな逃避こそもっとも美しい宗教実践であるという主張は、中世ヨーロッパのいたるところで説かれていたが、一〇世紀にボゴミルというマケドニアの司祭が祈祷と節制と托鉢生活を通して「浄められた」生活をとりもどそうと唱え、これは大きな反響を呼んで、一大宗教運動となっていった。バルカン半島を中心に活動したボゴミル派は東西ローマ帝国にはさまれた中間地点で、ローマ教会とビザンチン教会が世俗権力となっていくことに対する反抗であったと捉えられている。

ボゴミル派の運動は地域教会との衝突を繰り返しながら、その後北イタリアを経て西進し、南フランス一帯にいたる頃には、カタリと自称する宗教集団に変容していた。彼らは結婚も肉食も、洗礼も聖体拝領も告解も、教会でのすべての儀式を拒否し、内面生活の清浄さだけを追求した。

世俗権力も司祭もすべて否定し、ひたすら天上の救済のみを求める人々にローマ教会が黙っているはずはなかった。

ラングドック地方とアルビジョア十字軍

教会の弾圧にもかかわらず、カタリ派は信徒を増やしていった。所有財を否定し、清貧を貫き、勤勉に労働するカタリの人々に共感する人が増えたことは当然であろう。一般市民や農民だけでなく、貴族、騎士、それどころか諸侯の中にも彼らの信仰に帰依するものが現れた。その成長ぶりは、ラングドック地方全体がカタリ化したといっても過言ではないほどだった。そこではカタリ派が教区を立ちあげ、司祭と司教を任命するまでになった。一二世紀に南仏の代表的都市カルカッソンヌとトゥールーズがカタリ派の司教区になったことは、ローマ教会を驚愕させた。カタリ派の都市は独自の経済圏を形成し、学校を建て、教育をおこない、さながらキリスト教圏の「特区」のような様相を呈したのである。

これに対して、一二世紀末にインノケンティウス三世が教皇となり、教皇権が頂点に達すると、カタリ派に対する態度も決然としたものになる。その最たるものが一二〇九年から二〇年にわたって続いたアルビジョア十字軍だ。一般に十字軍というと、イスラーム教徒に占拠されている聖地イェルサレムの奪還を目指した宗教運動で、教皇ウルバヌス二世の呼びかけに応じて一〇九六年から八回にわたって西欧諸侯がおこした宗教戦争のことが思い浮かぶが、ローマ教皇はまったく逆方向にも十字軍を派遣していた。東方には異教イスラームの敵があり、西方には異端カタリの敵ありというわけである。共通するのは、カトリックの普遍主義への盲信と、権益死守の欲求だけである。そしてこの身内の討伐作戦は相手がほぼ丸腰で、キリストの真のまねびを是とする人々であるがゆえに凄惨を極めた。カタリの信者は捕らえられ、学者たちの審問を受け、転向しなければ、広場で火焙りにされたのである。

十字軍の指揮官のなかで最も悪名高かったのが、シモン・ド・モンフォールである。彼の人となり行状については、修道士ピエール・デ・ヴォ＝ド＝セルネイが教皇インノケンティウスに送った報告書『アルビジョア派の歴史』（Historia Albigensis）に詳しい。教皇の特使たちにいくら請われても頑として首を縦に振らなかったモンフォール伯であるが、一旦討伐軍の指揮官となるや、その手腕は残忍を極めた。まずカルカッソンヌを手中に収めたモンフォールは、ここを居城に一帯に点在する異端者の隠れ家を攻略していく。カルカッソンヌ近郊には先にあげた「五人の息子」以外にも多くの要塞があり、そこに多くのカタリ派信者がかくまわれていた。そのうちの一つミネルヴの攻防戦を修道士ピエールは詳細に記録している[1]。一二一〇年難攻不落の城を囲繞した軍は、「猫」と呼ばれた投石機二台で城壁を攻撃した。守り手も手をこまねいて見ていたわけではない。夜陰にまぎれて城を出て、ボロ布と枯れ木とラードを詰めた籠に火を点けて「猫」を焼き払おうとした。しかし、「神のご加護」でたまたま用足しに立った兵士に見つけられ、武器は無事だった。市民の必死のゲリラ戦も虚しく、城壁はこぼたれ、兵糧もつき、城内では休戦の期待が高まったが、一方の十字軍側の思惑は複雑だった。指揮官の一人ロベール・ド・モヴォワザンは異端者の殲滅こそ神のご意志と疑わなかったが、シトー会修道院長で教皇特使のアルマ＝アマルリックは——本音はロベールと同じだったが——、一応聖職者としての慈悲は示すべきだと考えた。そこで彼はカタリ信徒でもカトリックの教えに改宗するのであれば赦し、たとえ「完徳者」と呼ばれる幹部でも生命の保証はすると約束した。これにロベールは激怒し、到底そんな譲歩はできないと訴えた。それに対して修道院長は、「心配はご無用。ほとんど改宗するものはおらんでしょうから」と答えたという。

その言葉通り、カタリの人々にとって政治的敗北は信仰の敗北とはならなかった。降伏した城に入った修道院長ギイが異端者を集めて改宗を勧める説教を始めるやいなや、「いったい何の説教をしておいでか？　あなたの信仰などどうでもいい。われわれはローマ教会を拒否する。何をやっても無駄なこと。死であれ生であれ、われわれをこの信仰から引き離すことなどできないのですから」という野次に院長の言葉はかき消された。火刑の薪に火が点けられた。征服者たちは何も手を下す必要はなかった。四〇〇名の「完徳者」たちは次々と自らすすんで業火のなかに飛び込んでいったからである。こうしてミネルヴ掃討作戦は終了した。

正統信仰の名のもとにエスカレートしていった残虐行為は、ラングドック地方の他の城砦にも飛び火した。たとえばカルカッソンヌの五人の息子の一人テルム城をめぐる攻防戦は、まるで島原城に立て籠もった隠れキリシタン相手に繰りひろげられた幕府軍の戦いのようだ。シモン・ド

・モンフォール軍は四ヶ月城を包囲したが決着がつかず、最後に城を陥落させたのは、山城の生命線である水櫓《みずやぐら》に落ちた一匹のネズミだった。腐敗した水は赤痢を蔓延させ、城は開城し、カタリ信徒は焼かれた。[2]殺人鬼と化した聖戦の騎士は、これまた有徳の教皇特使アルマ＝アマルリックの「すべてを殺せ。神は神のものを知りたもう」の言葉を信じて殺戮し、城と町を焼き払って進んだ。

彼らの残虐行為が後世に伝わったのは、多分に前述の修道士ピエールの功績といえよう。四年間も戦闘に同行した修道士が死体に異常な興味を示す「ネクロフィリア」であったことは間違いない。盟友シモン・ド・モンフォールは一二一八年トゥールーズ攻略戦で命を落とすが、その様子をピエールは次のように描写している。「投石機から放たれた石は、彼の鉄兜にもろに命中し、彼の歯も額もあごも打ち砕いた。眼球も脳漿も頭から飛び散り、伯は倒れ、血の海で落命した。」一説によれば、この一石を投じたのは女性市民だったという。このジェンダー的構図には、弱きものの信仰が邪悪な暴力宗教を打ち砕いたという民衆の確信が現れている。作家の堀田善衛は、トゥールーズ市民がローマ時代から伝わる異教神の彫像を砕いて投石の弾丸にし、フランス軍に対抗したと書いている。モンフォールの頭を砕いたのは知恵の女神ミネルヴァの頭、これを放ったのは後にカタリ派の最後の砦モンセギュールで最期を遂げる貴族エスクラルモンドであると。

一三世紀の十字軍の歌謡はモンフォールの屈折した勇姿を次のように描いている。

「彼は聖人にして殉教者。死後甦るであろう。［…］人を殺《あや》め、血を流し、心を失い、殺戮を許し、誤った忠告に従い、放火し、正義の支配を倒し、貴族を辱め、国を略奪し、高慢を許し、悪を焚きつけ、善を消し、女を殺め、子供を殺したがゆえに、この世でイエス・キリストを得た人がいたなら、それならば、モンフォールもきっと冠を得て、天国に現れるであろう。[3]」

これは皮肉なのだろうか、それとも彼の蛮勇を真面目にたたえているのだろうか。この英雄が民衆にいかに恐れられ、忌み嫌われていたかがうかがい知れる。

座と線

堀田善衛の『路上の人』（一九八五年）はウンベルト・エーコの『薔薇の名前』と並んで、わたしが大学院生時代に中世ヨーロッパの異端史に興味をもつきっかけとなった本だ。わたしたちは中世というとフィレンツェ、パリ、リヨン、ストラスブール、ケルン、ロンドンといった都市を中心にイメージを膨らませるが、都市が成立するためには交易がなければならず、西欧中世とは交通が飛躍的に発達した時代なのである。司教座や市場といった静的な点域がある一方で、「街道」といった動的な線上文化も存在した。中世文学を眺めてみれば、主人公たちはほとんど移動しながら物語を紡いでいることがわかる。遍歴詩人トゥルバドールのシャンソン、シャルルマーニュ大帝について旅する勇将ロラン、アッチラの居城へと死出の旅に出るニーベルング族、ブルゴーニューアイルランドーイングランドを往き来する恋人トリスタン、アーサー王の円卓の騎士の冒険、パルチヴァールの聖杯城への旅……。主人公たちは愛と名誉を求めて移動したが、それは現実だったのである。人々は仕事を求めて、あるいは情報を求めて線上を移動した。人口が増えた都市に農作物を届ける農夫は早朝に村を出発し、遠方交易の商人たちは異国から貴重品を馬に乗せて町から町へと旅した。親方から独立した職人たちは新しい職場を求めて、まだ見ぬ都市を目指した。織工、石工、大工、鋳物屋、旅芸人は同時に重要な情報メッセンジャーである。どこの領主が悪政をしいているか、どこで戦乱が起きているか、どの町が破壊され、どこで人手が不足しているか、彼らのもたらす情報で人の移動がさらに加速した。街道は都市とは違い何の保証もない空間である。解雇されて野盗となった傭兵、浪人中の騎士、お尋ね者、詐欺師が命の糧を虎視眈々とねらいながら線上を移動していた。

そうしたもののなかにはあえて「座」をもたず、「移動」にこそ人生の意味を見出すものもいた。堀田が描く「路上の人」ヨナもそうした一人だ。北イタリアに生まれ、オーストリアや南フランスの街道を往き来する騎士や修道士の従者となって各地を転々とし、あるときは偽乞食に、あるときは僧院の下働きに、あるときは密偵に身をやつして生きるヨナは古い価値観が揺らぎ、政治的にも経済的にも流動化していった一三世紀のヨーロッパの波にのまれて、しかし、したたかに生きる人たちの代表だ。流れのなかに生きるものだからこそ見えるものもある。座する権威の理不尽さと、寄る辺なく浮遊する弱者の言い分だ。

仕えていた修道士が毒殺され、それがどうやらアリストテレスの幻の禁書『喜劇』と関係する教会の仕業だと察したヨナは、やがてドイツ皇帝の密使として政情を探る法王付秘書官《プロトノタリオ》アントン・マリアの従者となって、南仏を旅してまわる。アントン・マリアの使命は、アルビジョア十字軍が実はフランス王とアラゴン王国との政争に過ぎず、異端弾圧は一部の狂信的宗教者による民族浄化（ポグロム）のような様相を呈していることを教皇に報告することだった。同時に、南仏の険しい山嶺や荒地に時折姿を現す黒衣の人々のなかに彼は一人の女性を捜していた。若かりし日に愛したルクレティアだ。敬虔な修道女だった彼女はその後カタリに帰依し、黒衣の一団と行動をともにしていた。強力な十字軍に追われ、彼らはピレネーの麓の山城モンセギュールへと追い詰められていた。

カタリの最期

モンセギュールはピエールペルテューズ城の西六〇キロに位置する。ピレネーに向って徐々に増していく標高は一二〇八メートルに達し、巨大な岩塊の天辺には外壁だけを残して今も城が屹立している。東西一〇〇メートルの細長い城址はまさに「石棺」を思わせる。八〇〇年以上も昔、数百人のカタリ派信者がここを死地と定め、カトリックの誤謬と、フランス王の暴力に絶望的な抵抗を試みた。いや彼らに「絶望」という言葉はふさわしくない。高くそびえたつ山頂は天に最も近い場所であり、彼らは間近に迫った「帰郷」を肩を寄せ合って心待ちにしていたはずだ。

少し時代と場所を異にするが、カタリの女性信徒の帰郷を待ちわびる心情を伝えるエピソードを紹介しよう。一二四七年南仏の都市パミエで二人の女、アレスタとセレーナが捕らえられた。二人はシャトーヴェルダンの郷士の妻だった。人目を欺くため異国の衣装に身を包み、彼女たちはトゥールーズにやって来て、一軒の旅籠に宿をとった。その様子を怪しんだ宿の女主人は、二人がカタリかどうかを調べるために一芝居打つ。生きたニワトリを渡し、町まで用を足しに出かけるので、その間にそれを料理しておいてほしいと言ったのだ。彼女が戻ってみるとニワトリはまだ生きていて、理由をたずねると、絞めたニワトリなら料理できるが、自分たちで絞めることはできないとのこと。後述するようにカタリの人びとは輪廻転生を信じていて、生きるものすべてに人の魂が宿っていると信じていた。二人がカタリであることは明らかだった。即座に彼女たちは異端審問官の手に引き渡され、火焙りの刑に処されることとなった。いよいよ処刑というとき、アレスタとセレーナは審問官に水を乞う。顔を洗いたいというのだ。「これから神さまの前に立つのに、紅のひとつもささずにまいれましょうか。[4]」おそらくモンセギュールの山頂でも、多くの女性たちがアレスタとセレーナのように神との出会いのときを待っていたのだろう。

　十字軍の執拗な追撃を受けて、カタリ派信徒は南仏を転々と逃げまどっていた。ミルポアに集まった六〇〇名の完徳者は、領主レイモン・ペレイユに廃墟となっていたモンセギュール城を修復して、避難所に提供してくれるよう嘆願した。一二三二年南仏カタリの指導者ギラベール・ド・カストルに率いられた二〇〇名の完徳者がこの城で、一般市民や騎士たちと生活を始めた。身分や信仰の違いを超えた共同体が成立し、多いときには五〇〇名の住人がこの城を住み処とし、城内ばかりではなく、目もくらむような絶壁にも人々は小屋を建てて生活した。ある種の理想的信仰共同体が地上一二〇〇メートルの高みでつくられたのだ。

それから約一〇年後の一二四三年五月、この要害の地を数千人の兵が取り囲んだ。教皇がどれほどの犠牲を払ってもこの小城を陥落させたかったのには訳がある。モンセギュールの守備隊長ピエール・ロジェ・ミルポアの逮捕である。ちょうどこの一年前の一二四二年、ローラゲー地方の小都市アヴィニョネで異端審問会が開かれることになり、一一名の審問官が到着していた。彼らは厳格なドミニコ会士で、行く先々で多くの異端者を焼き殺していた。ロジェ・ミルポアはこの報を受け、五月二〇日五〇名の手勢を率いてモンセギュール城を出発し、審問官たちの宿所を急襲、全員を殺害した。異端裁判の恐怖におびえていたラングドックの民衆は歓喜雀躍し、この義士たちを褒め讃えた。彼らはおそらく吉良上野介を討ちとった四十七士のように迎えられたことだろう。しかし当然その報復の過酷さも予想できた。モンセギュールを取り囲んだトゥールーズとナルボンヌの軍勢は一〇ヶ月を経て、ようやく形勢を挽回し、一二四四年三月城門をこじ開けた。降伏のための条件は信じられないほど寛容で、難攻不落の城を攻めあぐねた十字軍の疲労と焦りがにじみ出ている。アヴィニョネ事件を不問に伏すこと、騎士たちの地位を保証すること、カタリ信徒も改宗すれば助命すること……しかしここでもミネルヴと同様に、多くのカタリ信徒は転向よりも死を選んだのである。二一〇名もの男女は麓の火刑の薪に決然と飛び込んだ。その

図 3-2　ケリビュス城。遠方にピレネー山脈を望む

中に城主の若き娘エスクラルモンドもいた。『路上の人』のアントン・マリアは、引き立てられていく彼女の傍らにかつての恋人ルクレティアを見ている。異端の教えとともに殉教したのは彼女だけではなく、多くの市民が強権的な国家宗教に膝を屈することを拒んで死を選んだ。それは彼らが完徳者から救慰礼（コンソラメントゥム）を受け、すでに死後の救霊の保証を得ていたからである。地上の肉体の死など、つかの間の痛みを度外視すれば、何でもないことであった。肉体を去った霊は不死のまま次の宿りを探し、輪廻するので、恐れることはなかった。

モンセギュールの陥落の後もカタリ信者は要塞ケリビュスに立て籠もり、最後の抵抗を試みた。この城がフランス王に明け渡されるのはそれから実に一五年後のことである。ここからは、モンセギュールのあるピレネー山脈が遥かに望める。そしてわたしの訪れたピエールペルテューズ城からもケリビュス城はよく見える。ピエールペルテューズ城は四年前の一二四〇年に無血開城しているので、城を出た信徒はおそらくケリビュスに逃れたのであろう。絶壁に屹立する難攻不落の砦は名実ともに、カタリの人々の魂の強さを象徴しているのである。

夕暮れが近づき、気がつけばピエールペルテューズから人影は消え、わたし一人になっていた。夕闇のなかで城の岩壁が一層白く浮きだし、無人となった廃墟には前にもまして風が吹きすさんでいる。城から降りてくると、時間をもてあましたタクシーの運転手があきれ顔で待っていた。ゆうに二時間は散策していたらしい。しかし彼女にも収穫はあった。袋一杯の野草を見せて、「タイムよ」と言った。かぐわしい香辛料の香りがただよった。八〇〇年前にこの城で生きた異端の人びとの香りだった。

第四章　モンタイユー　土と生きる牧歌的異端

カタリの末裔たち

　アクス・レ・テルムの人アルノー・シクルは教会公証人の息子としてごく普通の市民生活を営むはずであった。だがその夢は破れる。両親の夫婦仲にひびが入り、彼が子供のとき親が別居してしまうからだ。父は敬虔なクリスチャンだったが、母は筋金入りのカタリで、それどころか叔父は完徳者だった。家庭は信仰をめぐって真っ二つに割れた。資産家だった母に引き取られたアルノーは、それでもそれなりの生活は保障されたはずだったが、その夢も破れた。母が異端審問官に逮捕され、火焙りとなったからだ。財産は没収される。アルノーはしがない行商の靴屋になるが、狂った人生行路を立て直すにはどうすればよいか思案していて、よいアイデアを思いついた。カタリを見つけだして、教会に密告すれば、母はともかく自分の潔白は証明されて、財産も返却されるだろう、と。当時異端審問の執拗な追跡を逃れて、多くのカタリ派信徒がピレネー山脈を越えて隣国スペインのカタルーニャ地方に避難していた。一三一七年アルノーは早速故郷を後にして、同地に引っ越す。殉教者の息子がカタリの人びとに大歓迎で迎えられたことは想像に難くない。それどころか、亡命先のカタルーニャで信徒を率いる聖人ギョーム・ベリバストの知遇を得ることさえ許された。一年経ち、妹と叔母を呼び寄せるという口実で故郷に向かったアルノーは、その足でパミエの司教ピエール・フルニエのもとに直行し、かねてから温めていた計画を披露する。司教は小躍りして喜んだ。なにせベリバストは「トゥルーザの王」と呼ばれ、亡命カタリの精神的支柱だったからである。彼を潰せば、カタルーニャのカタリも潰れる。フルニエはアルノーに報奨金を約束する。一三二〇年一二月にカタルーニャに戻ったアルノーはベリバストに、故郷の叔母を説得して連れてくるのを手伝ってほしいと懇願し、まんまと彼をピレネーの北に連れだすことに成功する。ベリバストは彼の信奉者ともども、フォア伯領に入ったところで逮捕され、まもなく処刑された。アルノーはもちろん司教から大枚な報奨金を受け取った。

この話が実話であることは疑いない。なぜなら司教フルニエ自身が一三二一年一〇月二一日この報告書に署名しているからだ。目的のためには手段を選ばない異端者狩りの司教が残した膨大なラテン語文書はいま、整理番号四〇三〇をふられ、ヴァティカンの教皇庁図書館に保管されている。一三二〇年代に南仏パミエの司教館で作成され、ミルポワの司教館で完成し、その後当時教皇庁のあったアヴィニョンの図書館に保管され、やがて教皇のローマ帰還とともにヴァティカンに運ばれたこの写本は、一九七五年、フランスの歴史家エマニュエル・ル・ロワ・ラデュリによって『モンタイユー』（Montaillou）（邦訳、刀水書房一九九〇年）と名づけられ世に出た。モンタイユーはピレネー山脈のフランス側に位置する人口二〇〇－二五〇人の小さな村だったが、異端の村として当局に眼をつけられていた。写本四〇三〇はその村の住人二、三〇人に対しておこなわれた尋問記録である。モンセギュール陥落から七〇年を経て普通人となったカタリが何を信じ、どう生きたのか尋問調書をもとに再現したこの本は、ヨーロッパ中世史で最も面白い歴史書といっても過言ではない。なぜならどんな坊さんの説教にも、神学者の書物にも、文学作品にも登場しない、中世人の肉声の信仰告白がそこには溢れているからだ。そしてそれはただの声ではなく、巨大な教会権力と、後にカトリック世界の頂点に立つ男と素手で渡りあった農民抵抗者の叫びなのである。

この写本が南フランスの都市を転々としたのは、作成を命じたジャック・フルニエについて回ったからである。農民（一説にはパン屋）の小倅として一二八〇年代にサヴェルダン（アリエージュ県）に生まれたフルニエは、厳格で世に聞こえたシトー会修道士となり、パリ大学に学び、やがて南仏各地の司教を歴任し、いよいよ一三二七年には枢機卿に、そしてついには一三三四年にアヴィニョンで教皇ベネディクトゥス一二世となった。資料はパミエの司教時代にフルニエがおこなった異端審問の記録であり、同時に一人の男を教皇にまで押し上げた栄達の記録でもある。彼の名声を高めたのは、その血も涙もないカタリ弾圧の手腕である。

前章で見たとおり、一二四四年のモンセギュール城の陥落は異端史の中では一大事件であったが、それはカタリが殲滅されてこの世から消え去ったということではなく、逆に「この世に同化する」きっかけとなった。帰依者たちは完徳者に率いられて山城に立て籠もるのではなく、異国に亡命するか、信仰は胸に秘め、普通の生活人として日常に身をひそめる道を選んだ。フランス王や教皇の軍隊と武力で渡りあい、死も厭わないのではなく、信仰にそってともかくも生きる道を多くのカタリの人々は選んだのだ。しかし反逆の魂はそう簡単に黙らせることはできない。彼らは声高にローマ教会の堕落を叫びはしなかったが、反カトリック的な信条は言葉や行動の端々に顔をのぞかせ、人々を困惑させ、告発の材料となった。彼らは言う。人に食べられ、糞になって排泄され、肥料になる聖餐式のパンが「主の肉」であるはずはないと。人妻と姦通するのも運命で決まっていたことで変えることなどできない、よって反省もしないと。また死後肉体は溶けて土になり、別の生命となって宇宙を循環する、それゆえ家畜も輪廻転生のサイクルにいる「偉大な種族」であり、屠殺するなどもってのほかだと。

黒い聖母

こうした荒唐無稽なお話しを不信心者の妄想と一笑に付すのは簡単だが、問題の根はもっと深い。ヨーロッパというとキリスト教圏で、一神教という一枚岩で結束しているという印象がある。そしてそれは信心深い農村部ならなおさらそのように思えてくる。ところがこの印象は、村に一歩足を踏みいれるとすぐに変更を強いられる。村の入り口でわたしたちを出迎えてくれるのは、小さな教会堂にいるマリア様や聖母子像だ。当たり前に通り過ごしてしまいそうな風景だが、マリアは聖母であっても神さまではない。そもそもマリア信仰自体が異教の地母神信仰と神仏習合のようにできあがったことを考えれば、キリスト教圏とは何かという疑問が生じる。そのことを表しているのが、ヨーロッパ各地の教会にいまも多く奉られている「黒いマリア」像だ。

パレスチナで生まれ浅黒い肌をしていたはずのイエスが、常に白人に描かれるのとは対照的に、マリアが黒曜石に彫られたり、黒く塗られたりしたのは、彼女が豊饒の神デー・メーテル（黒い母）の化身だからである。人々は神の国の成就を白人男性に期待したが、大地の豊饒は土着の地母神に託した。わたしたちのモンタイユーからそれほど遠くないピレネー山脈の東側、ミディ地方の村ロカマドール（Rocamadour）も「黒い聖母子像」で有名である。断崖絶壁にそびえ立つ教会には、門外不出の像を見ようと参拝者がヨーロッパ各地から引きも切らず押し寄せる。一二世紀初頭に作られたこのどう見ても美人と

図 4-1　ロカマドールの「黒い聖母子像」

はいえないマドンナがそんなにも人気を集めるのは、その霊験による。イギリス王ヘンリー二世の病も、フランス王ルイ九世の病もこの像のおかげで治癒し、噂を聞いて、厳格なシトー会士クレルヴォーのベルナールや、異端討伐の旗手聖ドミニクスや、神学者ライムンド・ルルが参拝に訪れた。[1] 彼らも多くの巡礼者同様、像がろうそくの煤に汚れて黒ずんだだけだと勘違いして、異教の地母神に跪拝したのだろうか。いやこの像の魅力は勘違いでは説明できない。か細い肢体から滲み出る圧倒的な生命力は確かに、地に生きる中世の農民の生への強い願望を映し出しているのだ。黒い聖母が南仏に多いのは、ここが穀倉地帯であるからであり、それは大地と自然とともに生きる農民たちには，絶対的一者が世界を創造し、その教えにならって生きよと命じるキリスト教が何かしっくりこなかったことの証しなのだ。教会の扉の上のティンパヌムで「悔い改めよ！」とにらみをきかす最後の審判よりも、会堂に血まみれになって架かる磔刑のイエス・キリストよりも、人々は泥だらけになって生きる黒い聖母に真の祈りの意味を見出したのだ。ピレネーの向こうにはヨーロッパはない、と言ったのはナポレオンだそうだが、ピレネーのこちら側にもキリスト教的なヨーロッパはなかったのである。

すべてが運命、こうなるほかない

農村的リアリティーともいえる農民の奇妙な信仰を、ラデュリの『モンタイユー』の中からいくつか拾いだしてみよう。

カタリの人々が輪廻転生を信じていたことには、数多くの証言がある。二人の善信者が森を旅していて、リス（あるいはキジ）が罠にかかっているのを見つけた。彼らは躊躇なくそれを逃がしてやり、その代わりに代金を置いておいた。それは彼らがその小動物にも人間の魂が転生していると考えたからだ（下二九七頁）。輪廻転生しても前世の記憶は残るとカタリは主張する。ある完徳者は友人と旅していたとき、川原で、「俺はむかし馬だった頃、この川原で足を取られて蹄鉄が外れたことがある」と告白し始めた。そこで石をどかして探してみると、何と本当に蹄鉄があった（下一六三）。不思議なことはこの完徳者の魂の持ち主は元々人殺しで、彼が死ぬと魂は悪霊に捉えられないようにすぐに牛の体に入った。その牛が死ぬと、今度は魂はある殿様の馬に入り、そこでずいぶん裕福な暮らしを体験するが、主人が敵の夜襲を受け逃げた時に、岩場で蹄鉄をなくしたというのだ。

大気は、転生するための霊魂で満ちあふれている。生前善行を積んだ人の魂はすぐに天国に向かっていくからよいが、そうでなかった人の魂は地上を彷徨っているからだ。彼らは悪霊たちには格好の標的なので、急いで別の肉体に逃げこもうとする（下一五五）。このような考えをもつ人たちにとって、自然とは自分の自由になる使役物ではなく、自分もその一部をなす大きなサイクルである。自然とは神自身の現れであり、それに敬意と感謝を捧げるのは当然のことと考えられた。多くの人は、木と水から生じるものしか食べない。今でいうベジタリアンのようだが、だがしかし魚は食べても良かった。それは魚が体内に子を身籠もらないので、輪廻した魂がそこに入ることはなかったからだ。つまり彼らは魂まで一緒に食べてしまわないか心配したのである。

こんな話をキリスト教会が許すはずはない。アレ司教区に住む女アルノードは、悪霊が悪人の魂を連れて断崖を登っていくのを見た。魂には頭も手も足もあったらしい。これを聞いた彼女の聴罪司祭は彼女を厳しく叱ったが、崖から突き落とされた魂なら俺も見たと、鍛冶屋のベルナールも告白したので、それ以上咎めだてすることもできなくなった。落ちた魂はそれでも死ぬことはなかったらしい。カタリの人々は肉体は死ねば土になると考えたが、魂は亡霊や幻となって地上を彷徨い、その中には先祖の霊も含まれていた。彼らにとって死後の世界はキリスト教の垂直思考とは正反対の、「水平思考」の中でイメージされるのだ。地に生き、野に暮らす農民にとって、世界はどこまでも広がる水平線によって区切られているのであって、みえない天国がゴールではなかったのだ。

水平志向の農民たちを怒らせたのは、お上の取りたてる十分の一税であった。司教ジャック・フルニエは一級の神学者だったが、同時に一流の収税役人でもあった。モンタイユーのあるフォア伯領は高地部と低地部に別れていて、高地部は伯領の首都から離れていたせいもあり、カタリに好意的な農村民が多く暮らす土地であったが、低地部は司教都市パミエが支配するカトリックの牙城である。特に低地部は豊かな穀倉地帯を有しており、司教フルニエはこの土地からの税収を主財源にしていた。彼はそれと同じ原理を羊毛税として高地部で細々と羊を追って暮らす畜産農民にも適用しようとし、そこから反目が始まった。二つの土地は難所ラバル渓谷に分けられていたが、「坊主ども」はそれも果敢に乗り越えて徴税にやってきた。司教はあらゆる理由を見出して、農民の生活に課税した。もちろん謹厳なシトー会士であった教皇が税金で贅沢三昧な暮らしをしたはずはないが、彼の手下たち、司教や司祭は肥太り、妻帯し、宮殿のような屋敷に住み、教会の説教壇から「悔い改めよ」と叫んでいた。その教会を額に汗して建てたのは村人だ。鋤や鍬をにぎったこともないものが、その村人にさまざまに課税しようとはどういうことなのか、とある信者は声をあげる。「教会も鐘もおれたちのものだ。おれたちが作ったのだ。必要なものも全部おれたちが備えつけるか、買うかしたのだ。維持しているのもおれたちだ。そのおれたちを教会から締め出した司教や坊主はくたばるがいい。やつらはおれたちにミサも聴かせず、戸外の雨の中に立たせっぱなしではないか。」（下一〇〇ページ）。これは破門された男たちを前に、あるカタリ信徒が言った言葉だ。教会を本当に運営しているのはおれたちであり、司祭や司教にはただ礼拝のために使わせてやっているのだ。その有り難さを忘れて、税金の滞納を理由にミサにも与れないとはどういうことなのか。所詮お前たちは寄生虫ではないか、と。十分の一税を払わないものは即座に破門され、ミサに与ることも、教会に来ることも許されなかったが、それは単に宗教的な排除だけではなく、村の共同体から締め出され、生活全般で交際や交流を断たれることでもあった。礼拝は村民抑圧の手段として使われたのである。

村人は他人の汗の上にあぐらをかいている聖職者を心底軽蔑していた。その反対に、労働を厭わない完徳者は尊敬を集めた。彼らこそ魂に本当の救済を与えられるものだと見なされた。「魂の救済のためには、労働して苦しむことが必要だ」（下二八二）。なぜなら神さまもこの地上に降りて、苦しむ人となったのだから。それに比べて聖職者たちは相変わらず裁き手で、収税には熱心だが、一緒に働き苦しんではくれない。こうした不満に読み取れるのは、裁く神の厳格さに辟易し、苦しむ神へ共感する農民たちの姿である。それは彼らが信仰に積極的な生への肯定を見たということだ。それは、二〇〇年後ジュネーヴで禁欲主義新教指導者カルヴァンがおこなった演説を見てみればよくわかる。「人間を、そのもって生まれた自然の資質だけから見れば、頭のてっぺんから足の爪先に至るまで、これはいいと思えるものなどただのひとつもありはしない。［…］われわれの義はすべて不義であり、われわれの功績はすべて汚物であり、われわれの名誉は恥辱に他ならない。」この侮蔑的な人間観に比べれば、カタリの人々の生に対する眼差しは何と肯定的でおおらかなのだろう。

土に生きる人々は苦しみつつもおおらかだ。そんな農民の一人ベルナール・フランカを紹介してこの章を閉じよう。彼は、人間の身に起こることは永遠の昔に決定された結果だと堅く信じていた。人間は神が作った「動かすべからざる大宇宙の必然」の中に捉えられているので、「罪を犯すこともないし」、「善行を働くこともない」。人間の行いは善悪の彼岸にある（下一五六）。彼の住むサバルテスでは人は、「善いこと悪いことが起こったとき、これは約束事だ、こうなるほかなかったのだ」と言って、神の思し召しにすべてを委ねようとしたそうだが、これは大自然を相手に生計を立てざるを得ない農民にとっては、当たり前の人生観だったのかもしれない。

神さまとは天候、運命とは豊作ということだ。好意的なときには素直に喜べばよいが、そうでないときもそれを自分の罪のせいにする必要はない。いやそれどころか、一六、七世紀に多くの女性たちが天候不順の責任をとらされて「魔女」として焼かれたことを思えば、このレッセ・フェール（あるがまま主義）がいかに健康的かがわかる。いたずらに裁く神の権威を振りかざし、悔い改めよを連呼する異端審問官に、農民たちはこうして明確な否《ノー》を突きつけたのだった。

第五章　ペトルス・ヨハネス・オリヴィ　無一物の反抗者

清貧と断捨離

清貧の思想が時代を超えて息づくのは、人間とはもともと、望まなくともよいものを望み、大きく本軌道を外れて脱線し、本当に必要なものを手にいれないようになってしまうもので、人はそうした自分を忌み嫌うからだ。

ドイツのある雑誌が『溢れるモノにウンザリ』という特集を組んで、消費社会に生きる若者たちの姿を描いた（『デア・シュピーゲル』二〇一四年第一四号）。そこでは、ある青年が最小限のものを残してすべてを処分し、その心境をブログに書き込んだところ話題となり、テレビや雑誌の取材を受けることになったことが紹介されている。しかし三四歳の青年は自分が時の人に祭り上げられたことをほとんど信じられないといった様子だ。なぜなら彼自身、禁欲僧でもアンチ・キャピタリストでもなく、「百品断行」と名づけた行動は、「ただ単に消費と縁を切りたかっただけ」で、特に社会的な賞賛を当てにしていなかったからだ。

ドイツのナチュラリストたちはおおむね二つのタイプに分けられる。一つは、モノの溢れる消費社会で育ち、そこから単純に逃げ出したいという若者たちのグループと、もう一つは、地球共同体の一員としてこれ以上資源の浪費に加担したくないという中高年のエコロジストたちである。だが彼らのどちらも「貧しさ」に積極的な価値を見出しているわけではない。

環境先進国の住人ドイツ人と接してすぐにわかることは、どんなに環境意識が高くとも、どんなに家族の方がキャリアよりも大切だと考えていても、クルマだけは手放せない人種で、年間国民一人当たり四五三リットルもガソリンを消費するクルマ依存症患者で、かつ夏のバカンス旅行は絶対にあきらめないということだ。彼らはドイツという経済大国の中で、環境にも優しく、かつ自らの生活水準を犠牲にしない持続的成長がどうすれば実現するのかという、実に打算的なオールタナティブを探しているにすぎない。

ひるがえって日本人を見てみると、最近のベストセラーに『断捨離』というのがあった。仏教用語のようでものものしいが、いわんとするのは単に、狭い日本家屋にあふれかえるモノをどうすれば減らせるかというだけのことで、そこには地球家族という宇宙的眼差しも、清貧の思想もあるわけではない。「節約」とは、もっと大きな消費のための準備でしかなく、「質素」は貧乏の口当たりのよい言い換えだ。しかしかつてはその民族も、「清く、貧しく、美しく」という標語をもっていたのも事実だ。なぜ彼らにとって貧しさが美しいと感じられたのだろうか。

作家の中野孝次の書いた『清貧の思想』はその問いに答えようとしている。[1] 中野によれば、日本人らしさの本質に貧しさを尊ぶ伝統があり、それが長らく日本文化の基調であった。日本の文化人は古来、精神と世俗的な名誉や地位や財産は相容れないと考えてきた。それが最もよく表現されているのが、吉田兼好の『徒然草』第三八段の「利に惑ふは、すぐれて愚かなる人なり」という一句だと中野は言う（一三四頁以下）。そして、「まことの人は、智もなく、徳もなく、功もなく、名もなし。誰か知り、誰か伝へん。これ、徳を隠し、愚を守るにはあらず。本より、賢愚・得失の境を知らざればなり」（同段）を体現している人を、日本では良寛と西行、西欧ではアッシジの聖フランチェスコだとする。確かに、春の日に鳥の群れ飛ぶ様子にただただ見とれている良寛には、小鳥に説教したとされるフランチェスコの姿が重なるし、また名門武士の家に生まれながら、若くして世を捨て、放浪の歌人として生きた西行と、大商人の家を捨てて、荒布をまとって裸足で托鉢してまわったフランチェスコには同じ精神が息づいているのかもしれない。

中野は、良寛とフランチェスコに共通する清貧を次のように言う。「現世の生存様式を最も単純でミニマムなものにすればするほど生きてあることの感覚は鋭く磨かれ、心は広い世界に放たれて自由になり充実していく、生への感謝はますます増大する、この発見と認識があるからこそ、彼らの清貧はいよいよ光ってくるのだとわたしは信じています」（一七九頁）。確かに清貧の人には透徹した自己認識の眼が備わっていた。しかし東西の清貧者には大きな違いがある。兼好も、良寛も、西行もひたすら自己省察に励み、自然との調和的生を賛美したが、西欧のフランチェスコは民衆教化、そして教会改革といった社会活動のために清貧を貫いたのである。

霊的な人びと

フランチェスコについては多くの優れた評伝があるので、屋上屋を重ねることは控え、わたしたちの南仏カタリと関わる一人の清貧者をここで紹介しよう。ペトルス・ヨハネス・オリヴィ(Petrus Johannes Olivi)は一二四七/四八年に南仏ラングドック地方のセリニャンに生まれた。ラングドックはカタリ派を話題にすると、必ず登場する地名だが、彼がアルビジョア十字軍に蹂躙された地域の出身者であることは注意すべきである。すぐ近くには一二〇九年カトリック教会によって大殺戮がおこなわれた町ベジエがある。さらにオリヴィの人生を決定づけたのは、フランシスコ会へ一二六〇年に入会したことである。会は創設者フランチェスコの存命中にすでに穏健派と厳格派に分かれ、清貧をめぐって対立していた。もともと使徒のように貧しく、原始教会の本来の理念を実現するために集まった「小さき兄弟たち」の教団であったが、マタイ福音書にあるような、「財布の中に金、銀または銭を入れて歩くな。旅行のために袋も、二枚の下着も、くつも、つえも持って行くな」(一〇:九‐一〇)という教えを実践するためには巨大になりすぎていた。

ダンテは『神曲』の天国篇第一二歌でこの分裂を嘆いている。「フランチェスコの家族は始めは師の跡を辿ってまっすぐに進んだが、後になると踵が踏んだ跡を爪先で踏むほど、向きが変わってしまった」(一一五‐一一七)。フランチェスコ自身はあくまで清貧に徹したいと考えていたが、一部の現実的な弟子たちの、峻厳な戒律を緩和させてほしいという要求にある程度理解を示したからだ。これに対し、使徒を模範に完全な清貧のうちに生きるべきだと主張する「霊的な人びと」(les spirituales) は、財の所有はもちろん、使用も制限した。つまり、蓄えをもたず限りなくその日暮らしに近い生活を貫こうとしたのである。この「霊的な人びと」は「フランシスコ会厳格派」と呼ばれた。

南仏の宗教史では特に厳格派が重要な役割を果たした。彼らはイタリアの予言者的神秘家ヨアキム・ダ・フィオーレの黙示録的歴史観を受容し、南仏を中心に尖鋭な教会批判者、社会改革者となっていったのである。カラブリアのシトー会士ヨアキムはまず歴史を三つの時期 (status)、すなわち父の時代 (アダムから洗礼者ヨハネの父まで)、子の時代 (ヨハネからキリストを経て一二〇〇年まで)、聖霊の時代 (世界の終末と最後の審判) に分け、さらに世界創造の七日間と同様に人類史全体を七つの時代 (aetas) に区別した。とりわけ重要なのは、その第六期と七期の境が、第二の子の時代と第三の聖霊の時代の区切りに当たり、一二六〇年と予言されていたことである。この年を前後して、「七つの頭をもった赤い竜」の第七の頭であるアンチキリストが出現し、二つの修道会と新しきイェルサレムの教皇と白馬の騎士がこれを倒した後、最後の審判へと続く。したがって一二六〇年は重要な区切りの年である。[2] この年にフランシスコ会に入会したオリヴィには特別な使命感が芽生えたとしても不思議ではない。彼自身は、第三の時代が一三〇〇年から、遅くとも一三三〇年に始まり、七〇〇年間続くと考えた。この思想を表明したことが彼の人生を大きく狂わせることになる。一二六七―七二年、パリでボナヴェントゥラのもとで学んだ後、七〇年代に南仏に帰って修道院で教えていたが、清貧観の違いから他の修道士たちと摩擦があったようである。一二八二年に兄弟Ar.（おそらくアルナルド・ガルハルディ）が彼の一九の命題が誤謬だとして教団本部にオリヴィを告発した。翌年アヴィニョンで審理が行われるが、最終的に嫌疑は晴れ、彼は教授権を取り戻す。一二八七―九年に彼はフィレンツェのフランシスコ会修道院で教鞭をとっていたので、ダンテも彼の講義をサンタ＝クローチェ修道院で聴いた可能性がある。その後、モンペリエ、ナルボンヌといった教団の重要な修道院で教え、一二九八年三月一四日他界する。[3]

名誉を取り戻したオリヴィは、joia（喜び）をもって臨終を迎えたが、実は彼の本当の受難はここから始まった。厳格派はオリヴィを理論的支柱にしてさらに厳しい清貧を推奨し、ローマ教会を「バビロンの淫婦」、教皇をアンチキリストと名指して、その刷新を強力に推し進めようとした。これに対し穏健派は今度はオリヴィの黙示録的著作を異端書として告発して反撃に出る。だがアヴィニョンの教皇庁が重い腰をあげて本格的にオリヴィの著作を攻撃し始めるのは、彼の教会改革の訴えが俗語に翻訳され、民衆の間に膾炙し始めてからである。一三一六年に即位したヨハネス二二世は翌年すでに勅書を出して、「清貧は偉大だが、一致団結はより偉大なり。しかし最も偉大な善は揺るがない服従なり」とし、服従しようとしないフランシスコ会士四名を一三一八年五月七日マルセイユの広場で火焙りの刑に処し、翌年一〇月にはさらに三名の平信徒をそれに加えた。この教皇の委託を受けたドミニコ会士ニコラウス・デ・アルベルティスは、「代々の教皇が示したとおり、キリストも使徒も私有財も共有財も所有しなかったと主張することは異端である」とし、一三二三年一一月オリヴィの清貧論を断罪した。それに続いて一三二六年教皇ヨハネスはオリヴィの『黙示録註解』を異端文書とした。著者が亡くなって二八年も経っているにもかかわらずである。厳格派が教皇庁にとって如何に脅威であったかがうかがいしれる。

　中世の清貧論争を理解するために、少し脱線するが、ウンベルト・エーコの名作『薔薇の名前』をみてみよう。この物語の舞台は、まさに異端論争の渦中にある北イタリアの修道院である。一三二七年、つまりオリヴィの異端判決の翌年、この修道院に各地から多くの神学者が集まってくる。重要な討論会に出席するためだ。その中にはイギリス人バスカヴィルのウィリアムとその弟子メルクのアドソがいた。

　もちろん物語はフィクションで二人とも実在の人物ではないが、モデルはいる。中世研究者で黙示録文学に興味があるものならば、「アドソ」と聞くとすぐ思い浮かぶ、アドソ・モンティエール・エン・デルである。彼は九五〇年頃『アンチキリストの出自と時代』を著し、アンチキリストがどのような人物で、いつ出現するのかを聖書の記述から解き明かそうとした。[4] いうまでもなくキリストの死後千年が迫り、世の終わりが近づいているという予感が一般に広まっていたからだし、実際ヴァイキングやイスラームやマジャール（ハンガリー）人が西から東から西ヨーロッパに侵入し、危機意識は現実味を帯びていた。こうした世相を受けアドソは歴史学者として女王ゲルベルガの求めに応じて著したのがこの予言の書である。エーコがここに終末論者アドソを登場させたのは、清貧運動が、この世に終わりが近づいているという恐怖によって一層熱を帯びたからである。

キリストは財布をもたなかったのか

実在のアドソはフランシスコ会士ではなかったが、『薔薇の名前』ではファナティックに清貧を説く修道士の多くが終末論者のように描かれている。

ショーン・コネリー主演の同名の映画を観た人は、物語の後半で薬草係が殺される直前、修道院で教皇使節団とフランシスコ会士が丁丁発止の議論を戦わせる場面を覚えているだろう。「イエス・キリストは財布をもっていなかった」と一方が叫べば、もう一方が「否、もっていた」と応酬し、大混乱になる場面である。エーコは原作の「第五日一時課」で、この場面にさらにドミニコ会を枢機卿側に参戦させ、ローマ（アヴィニョン）教皇庁vs神聖ローマ帝国皇帝の戦いに脚色した。そこに登場するのはアドソのみならず実在の神学者たちであり、討論会はあたかも「オールスター夢の饗宴」という様相を呈している。まずフランシスコ会側には教団総長チェゼーナのミケーレ（一二七〇年頃－一三四二年）が座っている。彼は厳格派の兄弟で、キリストが一切の所有財産をもたないことをペルージャの総会で決定した人物である。しかしこのことで彼は教皇ヨハネス二二世の不興を買い、アヴィニョンに呼び出されて審問を受け、結局、同時期にやはり聴取を受けていたオッカムのウィリアムとともに教皇庁を脱出し、バイエルン公で神聖ローマ帝国皇帝のルートヴィヒに庇護を求め、ミュンヘンに向かった。オックスフォードの秀才オッカムは唯名論者として名高いが、実は彼がバスカヴィルのウィリアムのモデルである。それは、『薔薇の名前』の元になったモットー「去リシ日ノ薔薇ハ名バカリニテ、虚シキ名ノミ残レリ」がオッカムの唯名論、すなわち「名前が指し示すのは普遍ではなく、ただ個物だけである」という教えから取られていることからもわかる。修道士の多くは、僧院で起こる謎の連続殺人を神の怒りとして片付けてしまうが、それは事実をある普遍原理に結びつけることである。そうではなく、唯名論のように、事実と事実、名前と物の間の一対一対応を明らかにすることで「事件」は真に解決される。徹底した現実主義者であり探偵修道士であるバスカヴィルのウィリアムは、「バスカヴィル」という名が示すようにシャーロック・ホームズの分身でもある。エーコは二つのイギリス的頭脳をウィリアムの姿に託して討論会に出席させたのだ。

では肝心のバスカヴィルのウィリアムは清貧問題にどのような立場をとっていたのかといえば、かなり慎重である。フランシスコ会が重視する意志や愛にはあまり興味がないのは、彼がアリストテレス的合理主義者のせいでもあるが、もう一方で彼自身異端審問の犠牲者だった過去をもつからでもある。彼を取り調べ拷問にかけたのが、討論会で枢機卿側に座すドミニコ会士ベルナール・ギィだ。彼も実在の人物で、南仏の異端史に必ず名があがる、名うての異端者キラーだ。アヴィニョンの修道院で財務長をしていた経歴からも、彼が教皇庁と深いつながりをもっていたことは疑いない。異端問題で揺れる南仏に引っ越してきたアヴィニョンの教皇庁は、強力に異端討伐を進めるドミニコ会なしには一日も成りたたなかった。異端信仰者を手っ取り早く見つけるための尋問マニュアル『異端の悪を見抜く審問指南書』を著し、泣く子も黙る取り調べのプロだったギィは教皇には頼もしい味方だったのだ。映画ではムライ・アブラハムが、白黒の僧衣に身をつつんだ冷徹な修道士を演じていて印象的だった。彼が眼を光らせている場でウィリアムが固く口を閉ざしていたのは当然だろう。

それに対してフランシスコ会の立場を雄弁に援護するのがカサーレのウベルティーノだ。彼は、キリストと使徒たちが二重の状態にあったという。すなわち、彼らは教会の高位聖職者であり、教会の管理者や貧者に与えるための物資を所有しなければならなかったが、それと同時に彼らは宗教上のあらゆる完徳の基礎をなす人びとであり、現世の物資の完全な蔑視者でなければならなかった。しかしその二つのあり方は矛盾しない。なぜなら、最も原初的な所有形式でキリストと使徒たちは衣服やパンや魚をもったが、彼らはそれらを使用しただけで所有してはいなかったからだ。[5]「使用を前提とした所有は、蓄財ではないので清貧に悖らない」というウベルティーノの論法は、フランシスコ会の清貧論の中核をなす主張である。彼も実在の修道士（一二五九年－一三二九年頃）だが、重要なのは彼がオリヴィの信奉者で、その清貧説が異端視されたとき、すすんでその弁護を買ってでたという事実である。ということは、エーコはこの討論会にウベルティーノの姿を借りて、いまは亡きオリヴィまで出席させたということになる。

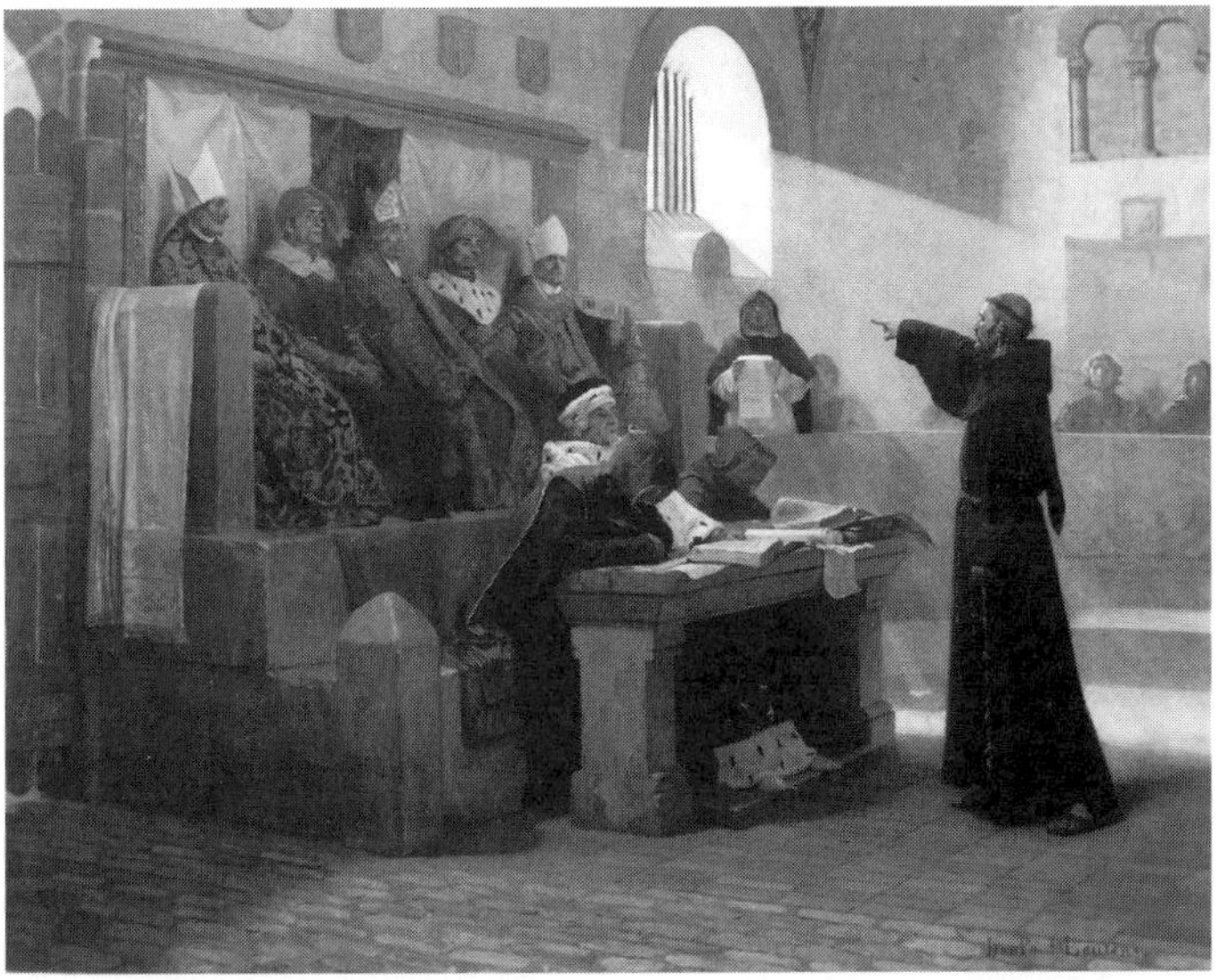

図 5-1　ジャン＝ポール・ロランス『ラングドックの扇動者』

ジャン＝ポール・ロランスが一八八七年に描いた『ラングドックの扇動者』は、こうした清貧論争の雰囲気をよく伝えている。扇動者とは一人の粗布に身をつつんだフランシスコ会修道士だ。彼は怒りのあまり席を立ち、いままさに後方に座る高位聖職者たちに詰めよって、彼らを名指しで糾弾しようとしている。その激しい語気に審問官がたじろいで後ろにのけぞり、その両側では黒い僧帽に身をつつんだ無気味な書記が彼の言動を記録している。奥の原告人席では、訴状を読み上げるドミニコ会士がその光景を唖然として眺めている。高位聖職者はラングドックの司教たちなのだろう。華美な僧衣に身をつつんだ姿は、ロザリオを手に立ちつくすフランシスコ会士とは対照的だ。修道士はオリヴィやウベルティーノ同様、貴族的な聖職者たちを容赦なく攻撃している。棒のような痩身は彼が厳しい禁欲に身を処していることを示している。だがその声高な糾弾も彼らにはただの奇妙な狂信者の叫びにしか聞こえないようだ。厳格派の兄弟は教会の無理解の前では孤立無援のまま浮いているが、しかし窓から差しこむ光は彼を照らしている。[6]

先に述べたようにフランシスコ会も一枚岩ではなかったので、兄弟Ar.による一二八二年のオリヴィの告発は教団内部の対立が背景にあるのだろうが、外面上は神学・哲学的な様相を呈している。異端の疑いがあるとされた一九の命題は主なものをあげれば、「魂は事物をそれ自身で認識する」(一三)、「本質と存在は現実的には同一であるので、被造物はその存在である」(一二)、「範疇からは基体と質と行為が区別される。その他のものは範疇に帰納される」(一四/一五)、「形相なしに質料は存在しない」(八)、「知的魂ではなく、感覚的魂だけが肉体の形相である」(七)、「魂の力と魂の本質とは同一である。」「徳は魂の力にハビトゥスを付与しない」(四)、「神のイデアは神の本質とは別である」(一七)、「神は天上では像なしに本質を通して観られる」(一八)、「世界の存続は継続する創造である」(九)、「原罪のうちに亡くなった子は、リンボで感覚的な罰を受ける」(一六)、「罪過が消えたのは、消罪の恩寵に与ったからとは限らない」(二)、「恩寵は魂に内在する質ではない」(一)、「性格はただの関係である」(五)などである。[7] ここからオリヴィの思想を読み解くことは簡単ではないが、一つ確かなことは、彼がドミニコ会的な知性主義の立場をとらず、人間を感覚的魂――フランシスコ会的にいえば「愛」――と捉え、トマス・アクィナスのいうような徳のハビトゥスによる人間形成ではなく、信仰による恩寵に委ねようと考えたことである。この点でオリヴィは義認説をとるルターに近い。それゆえ彼はパウロ神学にも批判的で、カトリック信仰をフランチェスコ的「清貧行」によって刷新しようとしたのである。これは厳格派の禁欲行に通じ、さらには知性ではなく感覚による神の直観を重視することには、黙示録文学への接近が読み取れよう。ということは告発者側の意図はやはり、黙示録的終末論を掲げながら一般民衆に清貧の実践を説く厳格派を牽制することにあると読むべきであろう。

告発を受けて教団総長ベルガモのボナグラチアは命題を調査し、いくつかに問題があることを指摘し、オリヴィ自身もそれを認めた。しかし多くの点で彼は自説の正当性を主張したので、総長は七名のパリ大学で教えるフランシスコ会士による調査委員会をつくって、本格的に調査することにした。新たに五〇の命題が集められ、――その中には新たに厳格派の清貧的所有の教えも加えられていた――、結果としてオリヴィの教説の半分は誤謬とされた。結果しか伝えられないこの調査報告にオリヴィはもちろん満足できなかったが、教団から除名されないためには自説の撤回をせざるをえず、「雲上人のパリ大学の先生方（magistralis celstitudo）」の決定に従う署名をした。しかし彼はこれで諦めたわけではなかった。二年後調査された命題と調査結果を手に入れると、彼は『弁護の書』（Defensio）を記してパリ大学の教師の誤解と無理解を非難し、あくまでも対決姿勢を貫く。これが結果として功を奏したのだろうか、彼の神学者としての名誉はすぐに回復され、先に述べたように教授資格を取り戻し、一二八七年にフィレンツェ修道院で、一二九〇年頃にはモンペリエ修道院で教師として再出発を遂げる。この名誉回復の裏には、総長ボナグラチアが一二八三年に死去し、その後任のアルロットス・デ・プラト、マテウス・アプ・アクアスパルタが比較的寛容であったこともあるだろう。それどころか、終焉の地となったナルボンヌでは彼は兄弟や民衆から大きな尊敬を受け、一二九八年の死から一五年も経った一三一三年でも、命日に町をあげての大きな記念祭がおこなわれていたことが伝えられている。[8] これは彼が死の床まで貫き通した、ぶれることない清貧の教えに対する民衆の敬意の現れと見てよいだろう。

このように見てくると、オリヴィは当初フランシスコ会内部の主導権争いと深く結びついていたことがわかるが、彼の教説がやがて教団内部の清貧論争を越えて民衆による教会改革運動の理論的支柱となるにいたって、問題は教団を越えてカトリック教会全体の憂慮するところとなる。一三一一－一三一二年まで開かれたウィーン公会議の主要議題はベギン・ベガルドと呼ばれる異端修道者への対処であったが、この会議で再びオリヴィの教説が問題とされたのは、フランシスコ会穏健派から教皇への強い働きかけがあったからだと考えられている。調査委対象となったのはそれゆえ、もっぱら神学的命題ばかりで、たとえば、「イエスの脇腹の傷は死ぬ前に開けられた」、「神的本質はペルソナに分割される」、「結婚の秘蹟は本質的にサクラメントではない」などであるが、おそらく会議で最も焦眉の命題は、「清貧的使用は使徒的清貧の本質でもないし、フランシスコ会出身の司教の遵守義務でもない」であったろう。このときオリヴィ自身はすでにこの世の人ではなかったが、厳格派にとっては彼を異端者呼ばわりされることなど到底我慢できないことだった。先に名前の出たカサーレのウベルティーノは真っ先に彼を弁護する文書を出したほどだ。しかしオリヴィの災難はこれで終わりはしなかった。彼が死の床で著した『黙示録註解』が南仏のカタリ派を勢いづかせ、これが教皇ヨハネス二二世の逆鱗に触れたからである。

非暴力主義との決別

教皇ヨハネスがどのような人物であったかは、彼がオリヴィの『黙示録註解』に示した反応によくあらわれている。『ヨハネ黙示録』第三章一〇節の、「あなたは忍耐についてのわたしの言葉を守った。それゆえ、地上に住む人々を試すため全世界に来ようとしている試練の時に、わたしもあなたを守ろう」を解釈して、オリヴィは言う。「二つの方法で、これは第六の時代と第三の時期により完全に合致している。彼（聖フランチェスコ）は使徒的清貧と謙譲と忍耐についての言葉と規則を守り、この世のものについて誰とも争わず、それどころか大きな平安と忍耐をもって迫害者と敵を最も完全に愛したからである」(Lectura super Apocalipsim (LSA), ed. Vian, p. 349)。オリヴィはフィオレのヨアキムに従って、二つの教団（ordo）が第六の時代に登場し、海からの野獣、陸からの野獣、そしてアンチキリストと戦うと信じたが、フランチェスコの戦いは清貧と謙譲と忍耐に貫かれた愛の精神によるものだとオリヴィは主張する。この命題を調査し教皇に報告したルッカのグレゴールはこの見解に次のようにコメントした[9]。「もし彼（オリヴィ）が、この世のものをめぐって争う人が使徒的教訓の規則に反していると考えているなら、それは誤りである。なぜなら、『あなたを訴えて下着を取ろうとする者には、上着をも取らせなさい』（マタイ福音書五：四〇）が教えるのは、ただ心の備えとしてだけ（ad preparationem animi solum）理解されるべきだからである。」イエスの「悪人には手向かってはならない」という言葉をたてまえと理解し、フランシスコ会の清貧思想と非暴力主義とは区別して考えるグレゴールのコメントに、教皇ヨハネスは欄外に、「何かのために争うことは使徒的教訓に反することなのか？」と書き込んだ。これは正統カトリックの擁護に全精力をつぎ込み、異端者に果敢に戦いを挑んだ教皇の発した、「カトリックの長が悪と戦わなければいったい誰が戦うというのか」という自問なのだ。

黙示録とフランシスコ会

その自問通り、ヨハネスはオリヴィの思想と対決し、一三一八年に始まった調査は実に一三二六年まで八年に及び、最終的に彼を異端者と断定した。彼の『黙示録註解』の中に教皇が認めた異端や誤謬は、その教会史観と清貧思想である。オリヴィは先にも述べたとおり、シトー会士フィオレのヨアキムの歴史観にそって、第六と七の時代が歴史の完成であり、そこでローマ教会が刷新されると考えた。しかしそれは、あたかもそれ以前の、聖書に書かれた時代が完成への過渡的存在にすぎず、それどころかイエスの弟子たちがつくった原始教会の権威すら凌駕する「新しい教会」がこの先登場することを認めるような主張に聞こえる。確かにイエスの時代から離れれば離れるほど、教会の威光は衰え、信仰は乱れていくのは事実であるが、かと言って、「ローマ教会はバビロンの淫婦」と名指し批判するものを黙って見逃すことはできない。さらにオリヴィの独創的な点は、ヨハネ黙示録第七章二節に登場する、第六の封印を解く「もう一人の天使」が聖フランチェスコをさすとすることである。彼は、「最初の創設者であり、先導者であり、第六の時代とその使徒的規則の体現者」（LSA, p. 473）である。彼がうち立てる第六の時代の教会は霊的であり、「聖書への扉を広く開け、説教し、改宗を進める。」

これに対して教皇は、「過去に改宗すべきだった多くの異教徒ユダヤ人に比べて、未来に多くのユダヤ人が心を開いて改宗するとは考えられない」と反論する。また、彼はオリヴィが別の箇所で、「全教会とキリスト教信仰の基礎となることには、イエスと使徒がより相応しい」と言っていることをあげ、彼が聖フランチェスコを教会の刷新者だとすることと矛盾するとする。それゆえ教皇やグレゴールにとって、「福者フランチェスコが第六と七の時代に使徒的生活と規則を広める啓示者であり、キリストとその母に続く最高の証人である」という命題は誤謬なのだ。さらにヨハネスは、断罪されたシナゴーグからキリスト教会が生まれたのと同様に、今日の教会が断罪されて、そこから霊的に選ばれたものがでて、別の独自の教会をつくるという見解を、アポストリチ（使徒兄弟派）の異端とする。なぜなら、「すべてのものに優っていると自分を見なすことは異端者の習性」だからである。彼は、フランシスコ会厳格派のものたちのフランチェスコ崇拝の裏に、自ら霊的カリスマをまとおうとする意図があることを見抜き、それを厳しく断罪する。自分たちが「肉の教会」と呼ばれ、フランチェスコの「霊の教会」と比較されるのは腹立たしい。教皇ヨハネスは言う、「二つの教会があると仮定しよう。一つは肉でき、富で圧倒し、装飾で溢れ、悪業でシミだらけの教会。彼ら（フランシスコ会士）は、ローマの管理者はそれに支配されていると主張する。これに対してもう一つの教会は、霊的でつつましく純粋で、徳に飾られ、清貧の帯をしめ、彼らと共謀者のみがそこに属し、霊的生活の徳ゆえに、彼らのみがそれを統治するとしている。」

オリヴィの主張は清貧を説くだけではなく、教皇権を明らかに脅かす内容をもっている。いくつか引用しよう。「ローマ教会に与えられた首位権（primatus）は悪業のために奪われ、この世の終わりまでに霊的教会に移されなければならない。」「改宗したユダヤ人がシナゴーグを捨てて、キリスト教会に移ったように、また、旧約聖書を捨てて新約聖書をとったように、新しい法が明かされればキリスト教会も新約聖書も別のものによって取って代わられるかもしれない。」「これらの首位権はそれぞれ別のもので置換される。シナゴーグとその祭司のために用意された栄光は、彼らがキリストを信じたので、原始教会とその司祭に移された。同様に第五の時代の最後の教会のために用意された栄光は、成熟して第六の時代の選ばれしものへと移譲される。そのため本書ではそれを第六の時代の初めに断罪されるべきバビロンの淫婦と呼ぶ。」

こうしたオリヴィの主張の背景には、彼が、キリストの代理人たるものが単に福音史家と使徒の血統にそって（primo stirpi vite evangelice et apostolice）選ばれるのではなく、時とともにふさわしい地位をもつものに必要とあらば意図的に譲り渡されると考えるからである。また別の箇所で彼は、「天上の国の造りを完全にするために選ばれしものの数は決まっていて、もしそのうちの一人が悪業で欠ければ、別の誰かが補わなければならない。さもなくば、その造りは不完全になってしまう」としている。つまり教皇であれ、司教であれ、欠格者となれば、その後任は別の基準で選ぶことになるというのである。ペテロの後継者を自認する教皇にオリヴィは言う、「ペテロが殉教したとき、リヌスやクレトスやクレメントが教皇になってもおかしくはなかったが、実際は使徒でないものが選ばれたではないか」と。このように使徒継承（apostolic succession）の大原則をないがしろにするオリヴィの教会観や聖職観は、当然ローマ教会にとっては脅威である。ヨハネスは、「神の教会を淫婦と呼び、バビロンの法として攻撃するものは異端者と見なすべきである」（3381A, fol. 46v sin）と明言する。

もう一つ問題となるのは、オリヴィのいう霊的体験の具体的内実である。霊とは聖霊であり、これは聖書では使徒たちに最初に降りたとされる。五旬祭が来て、使徒たちが集まっていると、突然激しい風音が天から聞こえてきた。「そして、炎のような舌が分かれ分かれに現れ、一人一人の上にとどまった。すると一同は聖霊に満たされ、〝霊〟が語らせるままに、ほかの国々の言葉を話しだした」（使徒言行録二：三－四）。使徒たちが聖霊の力でいっせいに外国語を話し始めたのを見て、人々は彼らが酔っぱらっているのだと嘲る。オリヴィも「異言《いげん》」を話す人の一人だったのだろう。しかし一層過激なのは、彼が、「第六の時代は恩寵を受けるにおいても、キリストの愛の徴の親密度においても、先行する時代に優っている」と主張し、より明確に、「第六の時代は、ただ純粋知性によってのみでなく、手で触れ、舌で味わう経験から、御言と受肉した神のすべての知と、父なる神の権能を見るようになる。なぜならキリストは『真理の霊が来ると、あなた方を導いて真理をことごとく悟らせる』（ヨハネ福音書一六：一三）と約束したからである」とすることである。厳格派と訳される les spirituales は「霊的な人びと」の意であり、霊を直接体験するものたちという意味である。そのためには使徒的清貧を貫くことが必要であった。こうした霊的体験は当然のことながら神秘主義的傾向を帯びた異端信仰に近づく。フランシスコ会士が聖フランチェスコを使徒より上位に据え、聖霊から直接祝福されているものとし、さらに自分たちもこの世の終末に彼と同じ使命を果たすべく遣わされたと主張することは、教皇にとって許しがたいものであった。何となれば、清貧の対極にいて、「最後の修道士たち」の敵であるのは自分たちになりかねなかったからである。

一三二六年オリヴィの『黙示録註解』は異端文書として断罪されるが、その経緯報告が、先にエーコの『薔薇の名前』で登場したドミニコ会士ベルナール・ギィによって残されている。これはフィクションではない。

「一三二五年二月六日、教皇ヨハネス二二世は、枢機卿と司教と神学博士と法学博士の臨席する公式会議において、ビテロワ教区セリニャン出身のフランシスコ会士ペトルス・オリヴィがヨハネ黙示録について著した註解を、疫病を運ぶもの（pestiferum）と非難し、命題ごとに断罪した。これはカトリック教会の一致団結に反し、ローマ教皇と使徒の権限に反する、疫病を運ぶ異端教説を含んでいる。それは数多くの誤った異端の命題を含んでいる。この註解から疫病を運ぶセクトが起源と結束を手にした。すなわち俗語でベギン（Beguini）と呼ばれているものたちと、自らを聖フランチェスコの第三会の貧しき兄弟と名のっているものたちである。この註解から数多くのものが、聖職者と審問官の法廷によって異端の恐れがあるか、あるいは異端として断罪された。さらに教皇庁によって再調査された結果、ナルボンヌ司教区やローヌ川上流やトゥールーズ県のあちこちで焼かれた。[10]」

疫病とはペストのことであるが、オリヴィの清貧論はまさに健康な信徒を死の病におとしいれるとみなされたのだった。またここでベギンと呼ばれるセクトは「カタリ派」のことであるが、異端討伐の命を受けたドミニコ会にとっては、ライバルのフランシスコ会もカタリと同類であることに注目したい。オリヴィは死後、フランシスコ会士からも民衆からも崇拝されるカリスマ的スーパースターになっていたが、教皇やドミニコ会はそれに冷水を浴びせたわけである。いや正確には焚書にした。それどころか、教皇ヨハネスはオリヴィの墓をあばかせて、彼の骨を副葬品とともども焼いたとか、遺骸をアヴィニョンまで運ばせてローヌ川に投げ捨てさせたといった言い伝えも残っている。それは疫病の蔓延を防ぐための防疫処置として考えれば納得がいく。それほど死せるオリヴィがカタリたちを踊らせることを、アヴィニョンの高位聖職者たちは恐れたのである。

一三七八年グレゴリウス一一世がローマに帰還し、異端討伐の最前線だったアヴィニョンの教皇庁も主を失い、長い監視のくびきから解かれた南仏の異端者たちはほっと一息ついたことだろう。彼らの心の中に、フランシスコ会士たちの高潔さは伝説となって残った。それは、先に見たジャン＝ポール・ロランスの『ラングドックの扇動者』が権力者に向かって毅然と立ち向かう姿に現れている。そして七百年余の時間を経た今でも、南仏の人々は自分たちの土地を愛着をこめて「カタリの里」と呼ぶ。それは長い弾圧に耐えて生き残った、清貧の信仰への誇りなのだ。

第六章　「ペンにて汝を護らん」　ウィリアム・オッカム

オッカム逃亡す

一三二八年五月二六日夜、ウィリアム・オッカムはフランシスコ会総長チェゼーナのミケーレと、総長代理ベルガモのボナグラチア、アスコリのフランチェスコ、タールハイムのハインリヒらとアヴィニョンを脱出した。教皇の禁足令を無視した大胆な行動だった。追っ手を振り切り、地中海沿岸のエーグ・モルトからジェノヴァのギベリン党（皇帝派）の手配した船に乗り込み、一路イタリア・ピサを目指した。そこで彼らはローマでの戴冠式を終えて帰国する神聖ローマ帝国皇帝バイエルン王ルートヴィヒを待った。教皇ヨハネス二二世と鋭く対立する彼に庇護を請うためである。

オッカムがアヴィニョンに来たのは、一三二四年夏なので、ほとんど四年間ここで過ごしたことになる。それは快適な滞在ではなかったろう。何しろ彼はオックスフォードで異端の嫌疑をかけられ、教皇庁に呼び出され、フランシスコ会修道院で軟禁生活を送っていたのだから。彼がここに来ることになったのは、上司の裏切りに遭ったからである。

オックスフォード大学の総長だったジョン・ラッタレルは一三二三年、オッカムの『命題集註解』から五六個の命題を抜粋して、アヴィニョンの教皇庁に直訴提出した。教皇庁は早速委員会を立ち上げて命題を調査し、特にオッカムの「聖餐論」に関する理解が異端的、あるいは誤謬だと結論づけた。報告書をもとに調査を進めたのは、枢機卿ジャック・フルニエだった。彼は前章のモンタイユーのカタリ派住民を尋問した元司教である。その手腕を認められ、いまは枢機卿にまでなっていた、この「異端者への鉄槌」の登場はオッカムには相当の脅威だったはずである。折しも総長チェゼーナのミケーレもアヴィニョンに召喚され、清貧をめぐってヨハネスや枢機卿と激しい議論を戦わせるのを見て、オッカムはフランシスコ会に対する教皇庁での風当たりが日に日に厳しくなっていくのを実感していた。アヴィニョンの修道院内ではミケーレの到着を機に清貧論をめぐる議論が一層活発化し、オッカム自身も次第に教団の焦眉の問題に深く傾倒するようになる。自身の聖餐論は危険思想とされはしたが、不思議なことに断罪は免れた。彼はミケーレと共に、清貧論に下された教皇の裁定を不服とする訴えに署名し、その二ヶ月後にアヴィニョンから逃亡する。教皇ヨハネス二二世が彼らを「牢破り」と名づけ、破門したのはその一〇日後である。

教皇が怖れたオッカムとはどのような人物だったのだろうか。残念ながら彼の正確な生年も没年もわかっていない。おそらく一二八五－九〇年に、ロンドンの南西三五キロにあるオッカム村で生まれた少年は一三〇〇年頃にフランシスコ会に入会したとされる。彼の名が初めて記録に表れるのは一三〇六年サウスウォークで副助祭に任じられたときである。一三一〇年頃、二〇歳を越えたオッカムはオックスフォード大学で勉強を始める。ここで聖職者としてのキャリアを積む一方で、神学と哲学の研究を進め、『命題論集』、『自然学講義』、『論理学大全』といった彼の主要著作を次々と完成させていく。しかしこうした創造的な日々は長くは続かなかった。先に述べたようにオックスフォードの元学長が彼を教皇庁に告発し、一三二四年にアヴィニョンに向けて出発するからである。これが故郷イングランドとの永遠の別れになろうとは、オッカム自身予感さえしなかっただろう。

オッカムは間違いなく時代の寵児であったが、それは彼が世にもてはやされたという意味ではなく、まったくその逆に、既成の思想体系や社会秩序を脅かす反骨者だったからである。「オッカムの剃刀《かみそり》」はただの無駄を切りつめる論理学の道具ではなく、旧弊な教会世界を破壊するものだったのである。

唯名論

オッカムの名を後世にまで知らしめることになった「唯名論」は、プラトン以来西欧の精神世界がすがってきた実体論の大伽藍を一気に突き崩す思想だ。「事物は全て個体的存在であり、普遍は心的言語にして自然的記号である概念である」（岩波哲学・思想事典）と考えた一四世紀の唯名論者は、これによって世界の存在理由を神の必然的意志から解き放ち、神の偶然的な自由意志のもとに世界を個物の集合体として捉え直そうとしたのである。このことは小林公によれば、「絶対的に自由な神と個物との直接的関係を強調する」ものであり、「これは倫理的領域では神と人間のあいだに介在する自然法秩序を否定し、神と人間の対面的な関係の中に倫理的秩序の基礎を求める立場」（一〇五〇頁）なのである。唯名論を説明する際、「概念（名）が先にあるのではなく、個物があり、概念がそれから作られる」とよく言われるが、問題となっているのは卵が先か鶏が先かということではなく、神と人間の関係なのである。このことをもう少しかみ砕いて説明しよう。

わたしが苦労してたどり着いた山頂で、突然眼前に開けた連山の眺望に心打たれたとしよう。わたしがそれに神聖なものを感じたとすれば、それは錯覚ではない。それはわたしにとって間違いなく神が企てた、乾坤一擲の眺望なのだ。しかしその逆に、その眺望をわたしが、この山頂に固有で必然的な眺めと考えたとすれば、それは誤りである。神はすべての登山者にそうした瞬間を用意はしない。それが与える印象も登山者の心理や体調によりまちまちであり、あるものはそれを神的に、あるものはそれを美的に、あるものはそれを無感動に捉えるであろう。実体論はあらゆる現象を範型（つまりここでは美のイデア）から来たものとし、そこに還元してその意味を理解しようとする。しかしそれではわたしに迫る感動を説明することはできない。事物が個体的であるとは、その現象に〈わたし〉が個体的に、つまりかけがえのない唯一の主体として、向き合うことである。その超越論的意味に一足跳びに向かうのではなく、超越者がそれを個体である〈わたし〉に与えた意味と直接向き合うことなのだ。一見すると唯名論は、神の全能を否定し、神の恩寵を限定してしまう無神論のように見えるが、実は神に絶対的自由を認め、その現れである世界と主体的に対話することを人に要求するのである。その意味で、唯名論は現代の現象学が提唱した「物自体へ」(Zur Sache selbst)と同じく、形而上学から現実を取り戻す運動だったといえる。

オッカムがこうした考えに向かったことには、当時の思想界の陥った閉塞感がある。ドグマ(教条)で自分たちをがんじがらめに縛り、正統(オーソドックス)と異端(ヘテロドクス)を峻別し、少数意見には不寛容で、異質な他者には罰則をちらつかせて脅すだけになった神学界は、旧来の教説を無批判に繰り返すばかりで、何の新しい芽も芽吹かない不毛地帯となり果てていた。イングランドという、パリからもローマからも遠く離れた西欧の辺境で生い育ったオッカムには、既存のドグマに縛られない、自由な発想を開花させる前提がそろっていたといっても良いだろう。しかしそれに一撃を加えたのがラッタレルであり、ヨハネス二二世であった。異端の嫌疑をかけられ、尋問されることはオッカムの心境に少なからず変化をもたらした。

ピサでオッカムたちフランシスコ会の面々に接見した皇帝ルートヴィヒは彼らに身の安全を保証し、そのまま帝都ミュンヘンに連れ帰った。この事件がオッカムの著作活動の転機となった。

彼の哲学と神学の著作はすべてオックスフォードを出るまでに書かれたもので、ミュンヘンに移ってからは彼の著作は政治的なものに限られる。それゆえ研究者の中には、哲学者・神学者としての彼の生命はオックスフォードで終わったのであり、アヴィニョン以降の著作は大思想家のエピローグにすぎないと言うものもいる。たしかに哲学史で金字塔をうち立てたオッカムではあるが、ダンテやマルシリウス・パドヴァに比べて政治学の分野では影が薄い。と言うことはオッカムはアヴィニョン体験によって哲学者としての生命を断たれてしまったのであろうか。そうであれば彼の哲学的思惟は、教皇権の暴力の前ではまったく無力だったということになってしまう。しかしそうではない。オッカムは唯名論によって独裁的強権政治を批判し、それを骨抜きにする方法を提案したのである。

無謬の教皇ヨハネス批判

唯名論によって神の絶対的自由意志を認めながら、人間世界の現象をイデアに還元することを禁じ、すべてを偶然性の中で捉えようとしたオッカムにとって、教皇権の絶対的無謬性（つまり間違わないということ）は思い上がりもはなはだしく、瀆神的でさえあった。無謬は天なる神のみであって、人間性を帯びたイエス・キリストでさえ誤る。ましてや神の代理人にすぎない教皇は人間なのであり、無謬のはずがない。そのことは初代教皇であるペテロがパウロから叱責を受けたことにも明らかであるとオッカムは言う。神はユダヤ人に対しての宣教をペテロに、異邦人に対する宣教をパウロに任せた。パウロは割礼や律法によって人が義とされるのではなく、イエス・キリストへの信仰によって義とされると説くが、あるときペテロが異邦人と交流があったことを、ユダヤの同胞たちに隠そうとしたのを見て、彼はペテロに「面と向かって反対した」とされる。「あなたはユダヤ人でありながら、ユダヤ人らしい生き方をしないで、異邦人のように生活しているのに、どうして異邦人にユダヤ人のように生活することを強要するのですか？」（ガラテア書二：一四）ユダヤ人であれ、異邦人であれ、神の子に対する信仰の前では区別なく義とされるのであり、いまだその境界に拘泥するペテロをパウロは非難したのである。オッカムはここに聖ペテロでさえ真理から外れることが示されているとする（第四巻第一対話五、第二章）[1]。使徒の筆頭ですら誤るのである。いわんやその後継者である教皇たちが無謬であるはずはない。

その証明にオッカムは、教皇たちの重要教理に対する揺れる見解を上げている。たとえばヨハネス二二世とニコラウス三世がキリストと使徒の清貧をめぐってまったく矛盾する見解を支持しているが、これは「二人がどちらかが信仰において誤り、異端者だということだ。誤り、かつその誤りを堂々と真理とし、他者に自分の信仰を強要するのは誤謬に固執したということだ」（同）。オッカムはヨハネスを執拗に攻撃する。「またインノケンティウス三世とヨハネス二二世が例としてあげられる。二人のうちのどちらかが誤っている。インノケンティウスは明確に『聖人たちは天国で完全に至福となり、望むままにすべてが起こり、さらに神を観るであろう』とはっきり書いている。その当のインノケンティウスはこの世を軽んじることについての本で、罪人の魂が地獄にあり、いまは厳しく罰せられていると書いている。ヨハネスはこれに対し、聖人の魂は神を観ず、罪人の魂は地獄で罰せられてはおらず、最後の審判の前には罰せられないとする。二つの対立意見は両立しないので、どちらかが間違っている」(同)。オッカムがいうのは中世後期の神学上の大問題である「至福直観」のことであるが、教皇ヨハネスがこの論争に火を付けたにもかかわらず、支持者を得ることなく孤立して分が悪かったことを述べている。

彼はさらに追い打ちをかけるように、ヨハネスの神学者としての資質を疑問視している。「ヨハネス二二世は、すべては神に定められているので、必然性から生じると説いている。神の定めはしかし妨げることができない。それゆえ教書『クイア・ヴィル・レプロブス』で彼は、キリストが人間性ゆえにこの世の王権とこの世の事物の一般的定めを諦めることができなかったと明言している。諦めれば父の命に背いたことになると。この点でヨハネスは、神学者が神の絶対的権能と通常の権能を区別することを理解していない。同様の理由で彼はまた神は選ばれたものに必然的に永遠の生を与えるのであり、決して偶然ではないと言っている。彼はすべてが必然的に生じると信じているのだ」(同)。選ばれたものとは、教皇以下の聖人、福者であるが、彼らにはすでに永遠性が約束されているという見解をオッカムは激しく論難する。なぜなら人が神の摂理に注文をつけ、強要することは許されていないからだ。

ヨハネスが必然性を信じて疑わないのは、彼が法学畑の出身だからかもしれない。裁きと判決の正しさを前提とした法の世界は明確な因果律にそって動いていなければならない。そこではある原因からある結果が必然的に生じなければならない。しかし人の世のこのルールを神の自由意志に当てはめることほど不遜なものはない。オッカムは、ヨハネスがパリで学んだのち、オルレアンで法学を修め博士号を取ったが、教皇になるまでまったく神学を学んだことがなかったことにたびたび言及している。人の世の法には通じているが、神の法を知らない男が教会の頂点に立つことは土台無理だと言わんばかりである。

唯名論は世界の恣意性を謙虚に認め、事象の原因を一つ一つ検証する努力を厭わない。オッカムが普遍を退け、必然を嫌うのは、それらが神権政治にフリーハンドの暴力を与えてしまいかねないからである。ミュンヘンへの亡命はオッカムに、思惟にのしかかるスコラ学の重圧が現実の暴力となり得ることをまざまざと実感させた。それゆえ彼は異端の教皇であれば、これを論難することは許されるとする。「トマス・アクィナスも『神学大全』（第二－二部第三三問題第四項）で言う。『[…]信仰が脅かされているところでは、上長もまた公然と臣下によって譴責を受けなければならない。パウロもペテロの下にいながら信仰に悖る状態が明らかに危険だったので、公然とペテロを譴責したのだ』」（オッカム『対話集』第四巻第一対話五、第二章）。こうしてオッカムも他の聖職者同様、「汝の敵を愛せ」というイエスの教えと対決しなければならなくなるが、他の聖職者同様、アウグスティヌスを引きながら、この言葉は行いというよりもむしろ、「心の備えとして」(ad preparationem cordis) 理解すべきだとする。清貧をイエスの言葉通りに完遂しなければならないと強硬に主張していたフランシスコ会士が、不戦の誓いに関しては「心の問題」で片付けるあたり、何か都合がよいという気がしないでもない。しかし敵への愛以上に、虐げられている味方への愛のほうが勝るのは仕方あるまい。もし明らかに窮乏して困っている人がいて、その人を助ける人が他に誰もいないことが明らかなら、自分にできる保護を与えるべきであるように、異端の教皇と闘っている人に援助の手を差しのべるのは当然のことである。ペテロを譴責しなければならなかったように、偽りの教皇と闘うのもキリスト者の重要な使命である。オッカムは武器による援助はかたく禁じているが、不正との戦い自体は「完全なものたち」にふさわしいという（同書第一対話六、三九章）。この「完全なもの」は、堕落した聖職者と闘ったカタリ派の「完徳者」を思い出させる。

オッカムの危惧は、組織の中心にいる権力者がその組織をもっとも深刻に裏切り、もっとも大きな害悪をまき散らし、組織を汚染するということであった。カトリック教会の長たる教皇が異端の禍に陥るのは、正統と異端を普遍的定義に当てはめ、個々のケーススタディーを怠ったからである。誰でも異端になりうる。人は無謬ではないからだ。修正すべき誤りに固執し、それを他の人に強要することが罪なのだ。オッカムは言う。「ある教皇が一般論として、たとえばもし病気とか年齢とか、また別の理由で知性の使用を奪われたとしたら、そのとき彼は知性の使用がないかぎりで、異端者ではない。それは愚かであるか、あるいは眠っているかしている少年が、この状態が続くかぎり、異端者でないのと同じである。教皇とて罪を犯し、地獄に堕ちる以上、恩寵のもとにしっかりと留まっているわけではない」（『対話』第一対話五、三章）。

オッカムは宗教権力者による神の意志の代理執行を認めず、唯一無二皇帝が裁治権（裁判と統治の権利）を独占して、善政を敷くことが理想であるとしている。「人間社会全体の平和と静けさはこれ以外の統治形態によっては十分に提供されえない」のである（小林四三三頁）[2]。オッカムは、『帝政論』を著したダンテ同様、君主による単独支配を理想と考えたが、ダンテが形而上学的、アリストテレス的に唯一者を世界の根本に据えたのとは対照的に、唯名論者オッカムは状況に応じて統治形態の根本的な変更を許容した（小林四五七頁）。

「時代の相違や性格や必要性に応じて人間の統治ないし支配を変化させていくのが有益（expediens）である。ある時には万人に対して一人の世俗の支配者ないし一人の聖職の支配者をもつことが有益であり、別の時には数多くの世俗ないし聖職の支配者が他のすべての人々を支配することが有益であり、そして確かに別の時には、上位者のいない数多くの支配者が世界の様々な部分領域を統治することが有益である」（『対話』第三対話二-i、五章）。

その理由は、法律が共通の利益のために（pro communi utilitate）制定されるように、君主、指導者、支配者も共通の利益に配慮するよう義務づけられているからである。それによれば、最大多数の利益いかんによって、誰が支配者であるかは変わることになる。しかしそうした利益追求が難しい時代に生きたオッカムにとって君主制はとりあえずの最善の統治形態であり、現実的な選択なのであった。オッカムの唯名論は懐疑主義であるようにも見えるが、実際は世界の修正可能性を最大限に認めるプラグマティズム（実用主義）でもある。世界が可変的であることを認めなければ、暴力は必ず蔓延する。オッカムの唯名論的政治学の主張はそれに尽きる。

一三三〇年以降オッカムはミュンヘンのフランシスコ会修道院で生活する。彼が教皇に張った論陣はいうまでもなく、庇護者ルートヴィヒへの感謝の返礼でもあった。彼は皇帝に、「剣にて吾を護れ。ペンにて汝を護らん」と言ったと伝えられる。数多くの政治論を執筆しながら南ドイツで彼は最後の年月を過ごす。その間にアヴィニョン以来の盟友たちが次々に鬼籍に入っていくのをどのように見ていたのだろうか。一三四〇年に教団副総長だったベルガモのボナグラチアが亡くなり、一三四二年には元総長チェゼーナのミケーレが亡くなり、一三四五年にはパドヴァのマルシリウスが亡くなる。教皇庁との緊張は二〇年近くの年月を経ても解けていなかった。ともにアヴィニョンから脱走したアスコリのフランチェスコは一三四一年に逮捕され、アヴィニョンで異端審問会にかけられ、教皇クレメンス六世に恭順を誓っていた。執筆禁止の命令をものともせず書き続けるオッカムはミュンヘンを一歩出れば、相変わらずお尋ね者だったのである。一三四七年命がけで護ろうとした皇帝ルートヴィヒが不慮の事故死を遂げたことは、オッカムにはショックだったろう。

その翌年一三四八年四月九日、剃刀とペンの論客は、ペストでこの世を去る。

第七章　マイスター・エックハルトと魔都アヴィニョン

マイスター・エックハルト

「ローマはドイツ人に手を焼く」という諧謔がある。宗教改革の発端となった九五カ条の提題を貼りだしたルターや、その信奉者の諸侯や、農民戦争を先導したトーマス・ミュンツァーといった人たちを揶揄する言葉らしい。ハインリヒ・ハイネが言うように、陰鬱なドイツの空の下では、肉の欲望よりも魂の渇望の方が強かったからなのだろうか。南国の温暖な人種の鷹揚な適当主義は、北の真面目な民には許しがたいものだった。ヨーロッパ中が禁欲な修道僧の反乱に引っかき回されているまさにそのさなか、ローマの枢機卿たちは何を血迷ったか、再びアルプス以北の、それどころか北海に近いユトレヒトで生まれた聖職者を教皇に選んだ。ルターが改革の狼煙《のろし》をあげた五年後の一五二二年である。ハドリアヌス六世を名のったこの教皇は、ルターに劣らずローマの聖職者や貴族たちには煙たい存在となった。彼は親友エラスムスをローマに呼び寄せ、宗教改革に対抗するために、カトリック教会の自浄活動に着手する。聖域のはずの免罪符や聖職録にまで改革の手を伸ばそうとするドイツ人教皇に、保守派の僧侶たちは度肝を抜かれた。これではルターがダブルで現れたようなものだ。ハドリアヌスは就任後二年もたたないうちに病気に倒れ、そのまま息を引きとる。暗殺されたのではとの噂は当然広まった。ドイツ人アレルギーはその後も長く教皇庁に残った。ドイツ出身の教皇が次に選ばれたのは二〇〇五年で、ほとぼりが冷めるまで実に五〇〇年近くも待たなければならなかったことになる。しかしようやく選ばれたベネディクト一六世（二〇〇五－二〇一三年）も反イスラム的な舌禍事件で教皇庁を苦境に立たせたので、やはりローマがドイツ人に手を焼いたことに変わりはなかった。

もちろんルター以前にも、教皇の逆鱗に触れた宗教改革者は数多くいた。宗教改革は歴史の教科書ではルターが一人で成し遂げたかのように書かれているが、実はそれは数多くの改革の中で、たった一つが実を結んだ結果であって、それ以前には志半ばで倒れた無数の改革者がいたことを忘れてはならない。ルターから遡れば、一五世紀のチェコの宗教家ヤン・フスや、彼に影響を与えたとされる一四世紀のイギリスの聖職者ジョン・ウィクリフらが、実りはしなかったが、当時の教会に反旗を翻した。一三－一四世紀の人マイスター・エックハルトもその一人である。

エックハルトは一二六〇年頃、東部ドイツ・テューリンゲン地方の小邑タムバッハで生まれた。土地の小貴族の息子は、一五歳になると故郷を出てテューリンゲンの大都市エルフルトのドミニコ会修道院に入る。ドミニコ会はフランシスコ会と並んで托鉢修道会と呼ばれるが、「托鉢」を意味するドイツ語Bettel「乞食」とは裏腹に、この教団は当時市政にも発言できる強い政治的影響力をもち、かつ貴族の優秀な子弟を迎えいれて、高い教育水準を誇るエリート集団であった。エックハルトも優れた才能を認められ、若くしてケルンやパリに留学する機会を得、パリ大学で学位を取り、そこで教授職を二度全うし、故郷エルフルト修道院長や、サクソニア管区長を務めた後、シュトラースブルク･(現ストラスブール）やケルンで会の要職を歴任する。教団史において華々しいキャリアを積んだエックハルトの名を後世に残したのは、やはり彼の神秘思想である。若い弟子たちや教団の学者たち、あるいは都市市民に向けてドイツ語でおこなった講話や説教は、スコラ神学の三位一体論や神的直観論や恩寵論を、人間学的地平での主体的な経験として捉え直したものである。たとえば、すべての時間的なものを放下し、絶対無へ帰依する「離脱」はその中でももっとも知られたものである。

「私が説教するときは、離脱について、つまり、人が自分やあらゆることから自由でいるべきだということについてまず話す。次に、神である単一な善に再び造りかえられるべきだということを話す。第三に、人間がすばらしい方法で神のもとへ来られるようにと、神が魂の中に埋め込んだ大いなる高貴さを意識するよう話す。第四に、その輝きが何にも喩えようもない、神性の純粋さについて話す。[1]」

ここでエックハルトは魂の四つの発展過程について説教している。まず魂があらゆる事物から、さらには自分自身から自由であること、すなわち離脱について語り、さらにその上で神の善に造りかえられることを論じる。さらに魂は神のもとへと出発するが、そのための導きとなるのは魂の中にある高貴さである。この高貴さとは知性である。魂が見つける神はしかしながら、すべての属性から自由な純粋さである。よってそれが言葉による伝達が不可能で「喩えようもない」ものであることも示唆されている。至高存在を認識する方法を説くこの哲学的考察は、同時に神と合一した恍惚体験を描写もしている。

「自由」がエックハルトの思想において重要なものであるのは、それが神が御子を生む大前提をなすからである。魂の中には高貴な、被造物でない、神的な何かがあり、そこに神の子が誕生するというエックハルトの主張は、極論すれば、イエスの教えに従うものすべては、イエスに等しい神の子であるというラディカルな主張につながり、教会の卓越性をないがしろにしていると見なされ、異端の嫌疑をかけられることになる。また「魂における神の子の誕生」は後に見るように、ルターにも大きな影響を与える（第八章参照）。

こうしたエックハルトの神秘思想はしかし、決して瞑想や隠遁生活の中から生まれたものではなく、托鉢修道士として市民の日常生活に関わり、彼らの魂のケアをおこなう過程で生まれたことを忘れてはならない。彼が一宗教家の枠を超えて、中世ヨーロッパの社会現象とも呼ぶべき存在となったのは、彼が歴史が中世から近世へと舵を切る大きな転換期を生きた思想家であったからである。文化、政治、経済はもちろん、多くの分野で中世後期はヨーロッパの進むべき方向を決定した時代であった。それだけに古い世界観と新しい価値観とのせめぎ合いは熾烈で、後年に名を残した思想家たちのほとんどすべてが、何らかの形でこうした時代状況との葛藤を経験し、それを通して思想形成をおこなったといっても過言ではない。そのことをわれわれはオリヴィやオッカムにおいてすでに見た。急流に舟が軋むように、彼らはさまざまな力の拮抗する場で生きた。エックハルトもそのうちの一人である。そのことは彼が二人と同様、危険思想の持ち主と見なされ、アヴィニョンに召喚されたことに現れている。三人は最終的に断罪されたという点で共通するが、相違点もある。先の二人が、教皇庁できわめて覚えの悪いフランシスコ会士だったのに対し、エックハルトは、教皇の信頼厚きドミニコ会の一員だったという点だ。ドイツ・ドミニコ会の最重要人物が、なにゆえ異端判決を受けなければならなかったのか、その謎を解明するのがこの章の狙いである。それを解く鍵は、教皇庁で覇権を握ろうと画策する僧侶たちの動向であり、ドイツとフランスのドミニコ会の宗教性の違いである。

エックハルト研究者のディートマル・ミートは、宗教社会学の視点から中世後期の宗教状況の変化を七つあげる。（一）農村社会が都市経済社会へ取りこまれる過程で、新しい宗教性（デボーチオ・モデルナ）を求める気運が一般的に高まったこと。（二）教皇庁が、アヴィニョン幽囚によって宗教的情熱を失い、政治的メカニズムに変貌していったこと。（三）これに対し、都市を中心に使徒的生活への憧れが高まり、清貧を宗旨とする托鉢修道会が誕生し、またさらに過激な宗教改革者が登場したこと。（四）人文主義の影響を受け、神学にも人間中心的な視点が導入されたこと。（五）社会的、文化的、宗教的変革期が、キリスト教とユダヤ教、イスラム教、グノーシス主義との出会いを可能にし、周辺教会的な混合形式を生んだこと。（六）自由心霊派的なカリスマが登場すると、それに対抗して異端弾圧のテロリズムも発生したこと。（七）女性人口の増加に伴って婦女子訓育（クーラ・モニアリウム）の重要性が増し、男性聖職者たちの重要な任務となったこと。都市の女性の中には、修道院と教育機関と俗世が入りまじった形態の共同生活を営むものが多く現れたこと。これらに共通するのは、新しい宗教性を求める革新的機運と、原点に立ち還ろうという守旧的主張が、矛盾せず一つの現象の原動力となっている点である。

中世ドイツ最大の神秘家マイスター・エックハルトの思想はこれら七つのすべてと深い関わりをもっている。彼は第一に、都市を中心に活躍した托鉢修道士であり、ライン河畔の大都市の新しい宗教性を求める、デボーチオ・モデルナ運動をある時は支持し、ある時は抑制する立場にあった。事実、ケルンやシュトラースブルクで大きな社会問題となっていたベギンと呼ばれる半俗の修道女の訓育に尽力した一方、自由心霊派の過激な教説には教父的な立場で対抗した。この民衆教化の活動と異端との接点を問題視したのがケルン大司教のハインリヒ・ヴィルネブルクだった。彼は一三二六年、エックハルトに対する異端審問を開始する。この悲劇を準備したのがまずパリ、そしてアヴィニョンである。

「マイスター」という称号はエックハルトには二重の意味で使われる。一つはレーベ・マイスター（Lebemeister）「生の達者」という意味であり、説教師として民衆の心のケアに当たった彼に敬意をこめて使われた称号である。もう一つはレーゼ・マイスター（Lesemeister）「読解講師」であり、これは彼が最高学府での神学課程を修めた当代一流の学者であったことを示している。事実、彼はトマス・アクィナスと並んで、パリ大学で二度教授職に就いた秀才であった。パリ大学は当時さまざまな思想潮流の集積地であり、そこでの研鑽を通して、彼の思想にはギリシア（アリストテレス、プラトン）、イスラム（アヴェロエス）、ユダヤ（マイモニデス）、グノーシス（プロティノス）の周辺的思想が流れこんだ。キリスト教のドグマに必ずしも忠実ではない彼の人間中心主義的な教説は、こうした多文化的環境から生まれたものである。

しかしこの思想的多様性が彼の命取りとなった。パリで学んだ多くの偉大な宗教家同様、彼もアヴィニョン教皇庁の客となったのである。そこでは宗教と政治が溶けあってできた強力な合金《アマルガム》が、異質なものをすべて呑みこんでいた。

アヴィニョン　教皇庁の奥の院

教皇大グレゴリウスの生涯を描いた『選ばれし人』でローマに響く鐘をトーマス・マンは、「都の空に、全都の空に、響きに溢れたなかぞらに、鳴り響く巨浪のような鐘の音」と評した。キリスト教の大本山の鐘楼がいっせいに声をあげ始める瞬間は、まるで修道士たちが口々に祈りを唱えだしたときのように、厳かで神秘的だ。日常の中にもう一つの非日常の信仰空間が存在していることを証明するのは、神の代理を務めるものたちの使命である。マンは鐘を鳴らすものを「物語の精神」と名づけたが、これもけだし至言であろう。無数にからみ合う音色は作家に限りない空想力を掻きたてる。鐘の数だけ悲喜交々な人間のドラマがある。それゆえラブレーもアヴィニョンを「鐘の鳴る町」と呼んだのである。たとえ七〇余年とはいえこの町もカトリックの総本山として中世世界に君臨し、数多くのドラマを生んだ。

一八三八年五月三〇日、スタンダールはアヴィニョンを「三時間半で見物」したと日記に書いている。[2] 有名な教皇庁を見学して、美術館を見るだけならおそらくそれくらいの時間で十分だったのかもしれない。わたしはこの町を散策するのに丸二日かかった。中世の古地図を片手に歴史的建造物が今もその場所にあるかどうかを、片っ端から確かめるために、町の通りという通りをすべて歩き回ったからだ。それはまるでタイムマシーンにでも乗ったかのような、不思議な散策だった。一六〇〇年代に書かれた地図とGoogle mapは小さな路地にいたるまでほぼ完全に一致する。地図をよく見ると、町が教皇庁を中心に三つの同心円に囲まれていることがわかる。それぞれの輪はそれぞれの時代の城壁跡で、手狭になると町は次の輪を造って広がっていったことを示している。こうした形状はヨーロッパの主要都市(たとえばウィーン)に現在も残されているが、アヴィニョンの場合徹底している。ここでは時間が完全に停止している。ウィリアム・オッカムが軟禁生活を送ったフランシスコ会修道院は、二番目の城壁沿いにあった。タントュリエ通りの古い石畳を用水沿いに歩いていくと、いまでも背の高い鐘楼が、半ば朽ちかけた姿を現す。その立派さはこの修道会がこの地でかつて権勢を誇ったことを示している。修道院のあった場所にはいまはリセ（高等学校）が立つ。用水に作られたいくつもの水車はここに染め物職人たち（タントュリエ）が工房を並べていたことの名残だ。托鉢僧団は町の同業者組合との深いつながりをもっていた。ここに住んだ染め物師もオッカムの教会に通っていたのかもしれない。

一三世紀初頭に創設された托鉢修道会は、数百年にわたり住民の心のケアをしてきた都市教会から見れば新参者で、かつ信者争奪戦においてライバル視されたので、必然的に城壁の外に教会と修道院を構えるしかなかった。アヴィニョンにある四つの托鉢修道会もそれゆえすべて第二の市壁の外にある。タントュリエ通りとリセ通りの四つ辻を北に折れれば、ぐるり町を取り囲む細い通りに出るが、これが旧市壁の跡だ。この通りに沿ってさらに道を進むと、郊外の側にアウグスティノ修道会の教会の高い尖塔が見えてくる。これと通りをはさんでカルメル会の塔も見える。アウグスティヌス教会はすでにないが、カルメル会は教会の立派な身廊と回廊をいまに残した。わたしが訪れた日曜の午後は、回廊で蚤の市が開かれ、住民が思い思いの品を並べていた。積み上げられたガラクタ、強い南仏訛を話す人々、うらぶれた服装——一見してここが下町であることがわかる。托鉢修道士たちは先に述べた通り、商工業者層に多くの信者を獲得したが、同時に低所得層や貧民の保護にも彼らは尽力した。市壁の内側に住居をもてなかった貧しいものたちにとって、同じく市外で潔く清貧を貫く托鉢修道士は尊敬の対象だったのだ。

第四の托鉢修道会ドミニコ会の教会は、フランシスコ会やアウグスティヌス会やカルメル会とは正反対の、教皇庁をはさんで西側にある。いや正確にはあった。現在のヴィクトル・ユーゴー通りとトマス・アクィナス通りにはさまれた八千平米の敷地にあったはずの、巨大な教会と修道院は現在は跡形もなく消えて、一般の住宅地となっている。すべてが悠久の時間にたゆたうはずのアヴィニョンでは、ほんの小さな路地ですら中世以来の姿を留めているのに、巨大な僧院が忽然と姿を消したのは奇異である。それもよりにもよってドミニコ会が。なぜならアヴィニョンのドミニコ会は当地でもっとも権勢を誇った修道会だったからである。

図 7-1　モンティニの描いたドミニコ会教会の身廊

ドミニコ会修道院は一八〇〇年頃にはすでに廃墟となっていた。その頃モンティニの描いた鉛筆画が数枚残っている。そこには身廊の天上がすっぽり抜け

図 7-2　同教会の回廊

落ち、むき出しとなった内陣をさらす哀れな巨大な構築物が描かれている。毀れた回廊には木蔦がからまっている。教会の身廊の全長は六五メートル、幅三〇メートルもあり、これはアヴィニョンでは教皇庁のノートルダム大聖堂に次ぐ規模の建造物であった。よく見れば柱や内壁に黒ずんだ跡が見える。火災の跡だろうか。しかし内部は朽ちてもなお壮麗さを失わず、僧院の在りし日の栄華をはっきりと物語っている。

　スタンダールが一八三七年に見た僧院もこれだったのだろう。彼は旅行日記で、「一三三〇年に建てられた教会は、半ば朽ちかけていた」にもかかわらず、「必見に値する」と賞賛している[3]。おそらくその直前に見た教皇庁と際立った対照をなしていたからであろう。奇しくも彼はそこでヨハネス二二世の墓を見つけて、「優美・軽快の点で比類がない」と絶賛している。その教皇のご意見番として権力をほしいままにしたのがドミニコ会士たちだった。教皇の墓所はアヴィニョンに残り、彼に忠実だった修道士たちは姿形もなくアヴィニョンから消え去った。宗教改革の余波を受けたわけでもない、カトリックの総本山で、修道士が消えただけではなく、僧院自体が徹底的に破壊され、跡形もなくなっていることは、栄枯盛衰といった決まり文句だけでは片づかない何かがあったのではないか。しばし空想にふけってしまう。

ドミニコ会がアヴィニョンの教皇の寵愛を一身に集めたのは、彼らが異端討伐の先頭に立ったからである。カタリ派の巣窟である南仏に引っ越してきた教皇庁にとって、防護壁たる勇敢な説教修道士は心強い味方だった。前章で紹介したベルナール・ギィもこの修道院の出納長だった。『異端の悪を見抜く審問指南書』といった物騒な著作もある彼は、もう一つ知的な顔ももっている。トマス・アクィナスの熱狂的な崇拝者であり、一二七七年にパリで断罪された兄弟の名誉回復を勝ち得るために『トマス伝』を著し、教皇庁で精力的にロビー活動を行ったのである。北仏のドミニコ会士がアリストテレス的な合理主義神学を信奉して大学教授のポストを争ったのとも、ドイツのドミニコ会士が神秘思想という独特の神学を生んで民衆の人気をさらったのとも違い、南仏のドミニコ会士は異端討伐とトマス・アクィナスの復権に全力を注いだ。高名な神学者は少ないが、実直で一途な修道士たちは名実ともに「主の番犬（ドミニ・カニス）」として教皇の寵愛を一身に受けた。

アヴィニョンの七人の主には神学顧問がついた。「聖庁の学匠」（magister sacri palatii）と呼ばれた彼らは、文化・教育・政治の様々な方面で教皇に助言を与える側近中の側近であったが、驚くべきは、一三〇五年から一三七八年までの間に任命された一二名の内、実に一一人までがドミニコ会士だったことである。そして彼らのほとんどがトマスの信奉者であったということは、トマス神学が教皇庁のみならず、キリスト教圏の教科書となったことを示している。ライバルのフランシスコ会は、使徒的生活の徹底をうたう厳格派の台頭によって、総長チェゼーナのミケーレまでが異端の烙印を押され、教皇庁での発言権を完全に失っていた。フランシスコ会の攻撃者であり、トマス列聖の旗振り役でもあるヨハネス二二世はそれゆえ、いかに悪名高くとも、ドミニコ会にとっては心強い守護天使だったのである。

エックハルトとギョーム・ド・ゴダン

当地のドミニコ会を有名にしたのはしかし、フランス人修道士ではなく、ドイツから来た老修道士だった。マイスター・エックハルトは一三二七年裁判のためこの地を訪れ、翌年ここで没した。それも異端者という不名誉な烙印を押されて。彼を異端者にしたのはオリヴィやオッカムを断罪した教皇ヨハネス二二世である。エックハルトは結審を待たずすでに他界していたが、このドミニコ会の重鎮に対する異端宣告は宗教界に大きな衝撃を与えた。教団のエリート中のエリートとして輝かしいキャリアを積み、かつ、スター説教師としての名声をほしいままにしていた彼がなぜケルン大司教ハインリヒ・ヴィルネブルクによって告発され、異端審問の場に引き出されたのか、そして教皇庁に上訴したもののその甲斐なく、アヴィニョンで最終的に異端者として断罪されたのか、その理由は現在にいたるまで不明である。彼もオリヴィやオッカム同様、教皇の異端者狩りの犠牲者だが、オッカムとは違い、教皇権を問題視したわけではなく、またオリヴィのように清貧論争で教会と対立したわけでもない。なにより教皇庁で最も発言力をもった教団の重鎮がよりにもよって異端者とされることは、前代未聞のことであったはずだ。そこにはアヴィニョンのドミニコ会士たちのいた、特殊な政治的情勢があった。

アヴィニョンで一人勝ちとなったドミニコ会は多くの俊英を教皇の助言者として送り込んだ。ドミニク・グリマ、アルマン・ベルヴェゼといった筋金入りのトマス信奉者と並んで、ギヨーム・ピエール・ド・ゴダン(Guillaume Peyre de Godin)は南仏の教会史を代表する人物である。彼を有名にしているのは、著作『トマス講義』(Lectura Thomasina)だけではない。研究者に「エックハルトの救世主」とも呼ばれるその経歴もである。

ともに一二六〇年頃に生まれたエックハルトとギヨームはそれぞれテューリンゲンの大都市エルフルトと、ピレネー山麓の都市バイヨンヌでドミニコ会に入会した。エックハルトが一二八〇年にケルンでアルベルトゥス・マグヌスの門を叩いた頃、ギヨームはベジエの神学院に学び、その後一二九二年にパリ大学に入学すると、ちょうどこの時エックハルトはここでペトゥルス・ロンバルドゥスの命題集を講義していた。エックハルトの略伝を書いたヨゼフ・コッホは、ギョームが彼の講義を聴かなかったはずはないとする。エックハルトはその後、故郷で修道院長を務めるが、一三〇二－〇三年に今度はパリ大学教授として神学を講じ、再び帰郷すると一三〇四年五月にトゥールーズで行われた総会でドイツ・サクソニア管区長に推挙される。この会議に当地の管区長としてホストを務めたのがギョームである。

合わせ鏡のような経歴はさらに続く。ギョームは総会終了後、パリ大学教授に就任するが、そこでフランシスコ会士ドゥンス・スコトゥスと個体化をめぐって議論を戦わす。これはエックハルトがパリでスコトゥスの師ゴンザルヴスと意志をめぐって論戦を繰りひろげたことを思い出させる。しかしともに教団のエリート街道を走ってきた二人に転機が訪れる。学位をとってマギステルとなったギョームを待っていたのは、アヴィニョンの教皇庁への出仕である。一三〇六年から一三一二年まで教皇クレメンス五世の初代神学顧問を務めた彼は、教皇ヨハネス二二世によって一三一二年に枢機卿に叙任される。フランスの兄弟が三代の教皇に仕え、政治と宗教の中枢で権力と富をほしいままにしたのに対し、ドイツ人エックハルトには数奇な運命が待っていた。二度目のパリ大学教授の任を終えた彼は故郷にはもはや向かわず、ライン河畔の大都市に旅装を解く。彼はシュトラースブルクでの総長代理、ケルンでの高等神学院院長職のかたわら、市井の説教師として民衆の前に立ったが、結果的にここでの説教や著作が問題視され、ケルン大司教ヴィルネブルクのハインリヒによって一三二六年異端審問に引き出される。ここに彼の生涯でもっとも暗く、謎の多い最後の二年間が始まる。

エックハルトの戦略と誤算

エックハルトはケルンで三つの文書を公開して告発の不当さを訴えた。それらには共通のある主張がある。[4] 一三二六年九月の弁明文では、「教団の特権によって」審問に応じる必要はないとし、彼の潔白は全ドイツ中の兄弟が知るところであるとする。「誤った風評から生じた裁判」が教団を貶めたことは過去にもあった。「昔われわれの時代にパリの神学教師が当局から、かの有名な聖トマス・アクィナスと大アルベルトゥスの著作の調査を命じられた。トマスに対しては、まるで誤謬と異端教説を書き教えたかのようなことが、多くの人によって書かれ語られ、公然と述べられた。［…］しかし神よ祝福されてあれ、いま彼の命と教えはパリでも教皇によっても教皇庁でも認められている。」一三二七年一月の上訴状でエックハルトは、彼の属するテウトニア管区（ドイツ）が異端の禍とは無縁であったことを強調し、同年二月の公開釈明では、彼の「魂の非被造性」説はドミニコ会の博士たち（すなわちフライベルクのディートリヒやトマス）にも支持されており、審問官がトマス神学に通じていないことを強く非難している。

エックハルトの意図は明らかであろう。彼はトマスにかけられた不当の嫌疑と名誉回復を自分の境遇と重ね合わせ、大司教を牽制しているのである。その上で彼がケルンではなく、アヴィニョンの上級審に審理を委ねたいと上訴したことには重要な意味がある。折しもアヴィニョンは四年前のトマスの列聖で沸いた土地であり、庁内には親トマス的雰囲気が満ちあふれ、教皇も神学顧問も皆ドミニコ会神学のよき理解者だった。この土地でドイツ・ドミニコ会の重鎮に不利な判決が出るはずはない。エックハルトはそう考えたはずである。

ケルンでの審理はアヴィニョンに移され、問題の命題もそのまま教皇庁に送られた。ここで命題は、「神学博士たちと枢機卿たち」によって調査された。彼らの名前は残念ながら知られていないが、そこには少なからずドミニコ会士がいたはずである。それどころか枢機卿ギョームも当然この裁判には何らかの関わりをもったはずである。若き日にパリで知り合い、ともに学び、長じて独仏の代表的神学者となった二人が片や裁判官、片や被告として教皇庁で相対したことはあったのだろうか。

教皇ヨハネス二二世が異端宣告を出したとき、エックハルトはすでに他界していたが、すでにこの世にない修道士を判決文は異常ともいえる厳しさで糾弾する。「彼はしばしば天使の姿に変装して真理の光を追いやり、暗く醜い黒雲を知覚に流しこむ虚言の父に騙されて、教会の庭に棘ある茨と毒アザミと毒ヒイラギを植え、真の信仰を曇らせる内容を教授し、またこれを純朴な民衆に説教で説き、本に書き留めることに熱を上げた。」ドイツ・ドミニコ会の重鎮を悪魔呼ばわりすることは、自由心霊派に苦慮するケルン大司教の溜飲を下げたかもしれないが、南仏のドミニコ会士には抵抗がなかったのだろうか。彼らの躊躇は、前文の過激さとは対照的な判決文の穏やかさに現れている。二八の内、一七の命題は「異端の悪を含んでいる」とされつつも、それ以外の一一の命題は、「大変軽率で、異端のそしりを受けかねないが、訂正と修正をかなり加えれば、正統の体裁をなすかもしれない」として異端リストから外された。先のコッホはこの留保に枢機卿ギョームの配慮が現れているのではないかと考える。確かに『神学者たちの鑑定書』ではすべての命題が異端と鑑定されており、留保が枢機卿会議《コンシストリウム》でつけられた可能性は高い。司牧の長たる枢機卿と、スコラ学の博士の間で異端に関する見解が分かれたことは十分考えられる。「神が人が罪を犯すのを望むなら、それを後悔してはならない」、「神は善いものでも、最善のものでもない」といった命題に弁明の余地はないが、「善き人は神の独り子である」とか、「神の中にはペルソナは存在しない」といった純粋に神学上の問題は、議論が分かれるところだったのである。

先にも述べたように、告発された命題は「純朴な民衆への悪影響」を危惧するケルンの聖職者たちが集めたものであるが、これを鑑定したのは南仏のスコラ学者たちである。同一命題であっても、ケルンとアヴィニョンでは別の異端問題として理解された可能性は十分ある。例えば、「善き人は神の独り子である」という命題は、ライン河畔では自由心霊派の神人同形論を思わせる危険思想であった。エックハルトはケルンの修道女に過激に語りかける。「高貴で謙虚な人は、父が永遠に生み続けている独り子であることにも満足しない。彼は父であろうとする。永遠の父性との完全な一致に入り、私を永遠に生んでくれたものを生もうとする」（説教一四番）。新プラトン主義的な「善一者」としての神は差異も属性も知らないので、御子と同一であり、養子たる人間も善である限り御子と本質的に同一である。

アヴィニョンの神学博士たちはこうした教説を「アレイオス（アリウス）派」の異端と理解した。アレイオスは紀元四世紀に生きた神学者で、父も子も聖霊も同じ神の三つのペルソナとしたいわゆる「三位一体」論を否定し、父が子（イエス）を創造物の最初として創ったと主張した。鑑定書はエックハルトの誤謬を攻撃する。「ある善き人が養子の恩寵によって神の子と呼ばれることはあり得るが、彼は神の独り子ではない。イエス・キリストは彼の人性によって独り子と呼ばれるのではなく、長子と呼ばれる。彼が独り子と呼ばれるのは彼の神性によってであり、このときは長子ではない。」御子イエスの神的本性を否定する、アレイオスの三位一体論は三二五年のニカイア公会議で異端とされたが、その後も長く論争の火種となった。イエスが「多くの兄弟の長子」（ロマ八：二九）であるのは、彼が兄弟にその神性を分かち、養子とするからである。

父と子の実体的一致という三位一体の奥義を、恩寵によって養子たる人間にも敷衍させる論法は、アレイオス派への反駁であるが、同時に別の異端を生むことになる。これに警鐘を鳴らしたのがトマス・アクィナスであった。アヴィニョンの博士たちの鑑定と『神学大全』（第三三問題、第四一問題参照）の近似性は、彼らがトマス神学に近い圏域の神学者であることを示している。ケルンの審問でエックハルトは実に十カ所でトマスを引きながら自説を弁護したが、アヴィニョンの鑑定書の答弁にはトマスの名はどこにもない。彼がもっとも頼りにしていた弁護人を、教団の総本山ともいえる地でなぜ呼び出さなかったのであろうか。それとも神秘主義と呼ばれるドイツ特有の思想は、トマスの聡明な理論とは相容れないとして斥けられたのであろうか。それどころか、神秘思想自体がトマスに対立するものとして、トマス神学によって断罪されたのであろうか。

エックハルトにとっては何もかもが大きな誤算であったろう。彼は結審を待たずアヴィニョンで亡くなり、亡骸はドミニコ会修道院内に葬られた。スタンダールが見たその巨大な遺構も今はなく、そこにはただ瀟洒なトマス・アクィナス通りがどこまでも延びているばかりである。

図 7-3　教皇ヨハネス 22 世の石棺

教皇ヨハネス二二世（一二四五－一三三四年）

アヴィニョン教皇庁を異端裁判所に変えたヨハネスとはいったいどんな男なのか。教皇庁の片隅に、スタンダールも見た彼の石棺がいまもある。その等身大の臥像は上品な風貌をたたえているが、実際のヨハネスはよい意味でも悪い意味でも中世後期の教会史を騒がせた人物であった。齢七〇を超えて即位し、九〇歳近くになるまで権力をほしいままにした。彼はその老練な政治的手腕で教皇権を確かなものにした点で、一世紀前のインノケンティウス三世にも匹敵する。その敏腕はパリとオルレアンで法学を学び、シチリアの宮廷で宮勤めをした彼のキャリアに負うところが多い。アヴィニョンは、ローマとの確執、フランス王家との関係、神聖ローマ帝国との闘争など難しい政治的駆け引きに迫られてきた。実務畑で鍛えたセンスと、妥協を許さない強靱な意志と、硬軟使い分けるバランス感覚はこの町には是非とも必要だったのだ。しかしその一方でマイナス面も多い。親類縁者を枢機卿に取りたてること五度におよび、そのネポティズム（門閥主義）はシモニア（聖職売買）による腐敗を生んだ。次々と新しい集金システムを考案し、教皇庁の金庫を太らせ、王をも凌ぐ資産家になった。その分、浪費も桁外れで、一二七六ドゥカーデンを支払って、ダマスクス織りの金襴緞子の僧衣を四〇着一度に注文したという逸話は有名だ。手に触れたものすべてが金に変わったというミダス王に喩えられるこの教皇が、フランシスコ会厳格派の使徒的清貧に理解を示さなかったのは当然のことといえる。

しかし法律家としての遵法意識の高さも群を抜いている。異端の嫌疑ありと聞くや、即座に委員会を結成して調査に当たらせ、自身の神学的知識の浅さを自覚していたのだろう、専門家の意見には謙虚に耳をかたむけた。先に見たオリヴィやオッカムはそのよい例だろう。

しかし彼の理知と実務的思考は奇妙な矛盾も含んでいる。一三二〇年八月二二日ドミニコ会士で先述の枢機卿のギョーム・ド・ゴダンは、カルカッソンヌとトゥールーズの異端審問官に文書を送って、ヨハネス二二世の特別な意向を伝えた。

「[…]聖なる父と主(の名において。)神の賢者教皇ヨハネス二二世は、主の民に呪いと災いをもたらすものたちを早急に神の家の中から追い出すことを望んでいる。悪魔に捧げ物をし、悪魔を崇拝し賛美し、あるいは悪魔と契約を結んでいるものたちに権威でもって対することをヨハネスは望み、それを汝らに命じ委託する。彼らは想像上の何かをおこない、あるいはおこなおうとしていたりし、何かを悪魔に取り次いだり、災いを引き起こすために悪魔を呼び出したりしている。[…]」(原文ラテン語[5])

災い(maleficium)とは、自然災害や農作物の不作、家畜の病死や疫病を引き起こす悪い力である。中世人がその存在を信じていたとしても不思議ではないが、これはいやしくも教皇の言葉である。ヨハネスはこれを迷信として一笑に伏すどころか、悪魔との契約によって災いを引き起こすものがいるので厳正に対処するよう、聖職者たちに注意を促している。法による正義の実現を信じるオルレアンの法学博士が同時に、魔法や呪術や占いや予言を信じ、呪い殺されることを恐れたというのは滑稽である。いやそうであれば、エックハルトを「天使の姿に変装した」悪魔と呼んで異端宣告した理由も納得できる。これは単なるレトリックではない。彼に対する処分がかくも峻烈であったのは、ヨハネスが彼を正真正銘の悪魔と恐れ、何が何でも断罪しなければならないと考えたからではないだろうか。ドイツの深い森の中から来たマイスターは、南仏の大富豪には底知れない無気味さをたたえていたのかもしれない。神の正義の名のもと、多くの人を異端と決めつけ、焼き殺し、破門し、追放した男の疑心暗鬼がアヴィニョンの悲劇の本質といってもいいだろう。

第八章　ルター　三つの肖像画が描く矛盾の人

第一の肖像画

世界史では、いまから約五〇〇年前の一五一七年、マルティン・ルター（一四八三－一五四六年）がヴィッテンベルク城教会の掲示板に九五箇条の提題を張り出したとき、中世は終わったとされる。もちろん一個人の行為でいきなり中世が近代に変化したりはしないが、この事件はカトリックに支配された暗黒の時代が終わったことを示している。プロテスタント、すなわち抗議するものたちが時代を新しいステージに押し出したということだ。わたしたちはこれまでたくさんの抗議するものたちを見てきて、ルターが最初の人ではないことを知っている。彼らは不幸にも教会との力競べに敗れ、異端者の烙印を押され、著作は焼かれ、歴史の表舞台から姿を消してしまったが、世が世なら彼らのだれかが中世に終止符を打つことになっていたかもしれない。ルターは、累々と折り重なる抗議したものの死屍を乗り越えてようやく頂点に立った幸運な改革者だったわけだが、その幸運は、歴史の教科書が教えるように、教皇権と世俗君主を取り巻く政治状況が彼に運良く味方したからだけではなく、彼の特別なキャラクターに負うことも多いことは強調しておかなければならない。そのキャラクターは一言でいえば「矛盾」である。

図 8-1 クラーナハ（父）の描いた修道士時代のルター

ルターほど多くの肖像画を残した宗教家は他にいないだろう。最も早いものはアウグスティノ隠棲修道会士の頃のもので、完全な自己放棄と神への帰依を誓った青年の峻厳さは見るものを圧倒する。しかしルーカス・クラーナハ（父）が描いた輪郭は、美男子だがどこかしら歪んでいて、でこぼこした線と線はいつ切れてもおかしくないほど張り切っている。シャープだが無骨、明晰だが暗い陰を帯びた風貌。敬虔さと狡猾さの交錯する複雑な表情。どれもが矛盾に満ちていて、それでいて人間ルターの核心を表現している。歳をとっても、肉づきは別としてルターの顔はほとんど変わらず、どの肖像画にも筋の通った強い意志が描き込まれている反面、まるで画家の前でポーズをとりながら、描けるものなら描いてみろといわんばかりにほくそ笑んでいるような、無気味な怪しさが漂っている。

偶像崇拝を禁じるプロテスタントの教義に根本から矛盾するこの自己顕示欲は、反教皇戦線の有力な武器として彼の肖像を利用しようとした、改革派の思惑によるものだと解釈するのが一般的だが、しかしそれだけならメランヒトンやトーマス・ミュンツァーの肖像画も多く残されてもよかったのではないか。ルターの肖像画の謎は、クラーナハという天才的な肖像画家がルターの表情のなかに捉えきれない複雑な矛盾を見つけ、それを何度も描き出そうとした結果であり、歳とともに姿形を変える、汲みつくせない深淵が画家を魅了してやまなかったからではないだろうか。実際、西欧史上、最も多くの敵を作ったこの男の人生は矛盾に満ちている。

父との葛藤

キリスト教史にくさびを打ちこみ、Reformation すなわち「再生」の機運をもたらしたルターであるが、彼が宗教家として頭角を現すのは二一歳のとき、アウグスティノ隠棲修道士会に入ってからであり、それまではごく普通の日常生活を営む青年であった。ドイツ東部のテューリンゲン州の農家に生を受けた少年は、商魂たくましい父親と素朴で迷信深い母に育てられた。一介の炭鉱夫から身を起こし、蓄財に励み、最後は鉱山の工場長にまで登りつめた父ハンス・ルーダーは、成り上がりものの常で、自分にない学歴を跡継ぎ息子には是非にと望み、教育に金を惜しまず投資した。アイゼナハの名家の娘だった母エリーザベトの親類たちも学業を援助したおかげで、息子マルティンはエルフルト大学で法律を勉強する運びとなった。

ルターの幼年期をおそった最初の矛盾は、父母の性格の大きな差だった。一介の炭鉱夫から出発して、妻方の人脈を巧みに利用して、自分の地歩を築いていく父ハンスの姿をマルティンはつぶさに見ていただろう。彼は成功するための、商業的ノウハウを父から学んだはずだ。しかし成功者としての父の自負は、恒常的に暴力となって子供たちを襲った。後年彼はこう述懐している。「子供をあまりひどく殴ってはならない。というのもわたしの父はわたしをかつてとてもひどく殴り、おかげでわたしは彼を避け、恐れるようになってしまったからだ」(『食卓講話』より[1])。父からの逃走は、最終的にこの世からの逃走になる。「父と母が課した真剣で厳格な生活は、わたしが後年修道院に入って修道士になる原因をつくった。二人はとてもよい人であったのだが」(WAT 3, Nr. 3566b. 同)。若いルターが自己形成において厳格な父への反発と愛着の間で心揺れ動いたことは間違いない。

父との葛藤には、父とまったく正反対であった母の存在も大きいだろう。後に政敵から、「淫売」「湯女」と名指され、悪魔とまじわって悪魔の子を産んだと中傷された母を、マルティンは深い愛情をもって弁護している。しかし何より母から受け継いだ最大の資質は、「迷信深さ」であろう。理知的で現実主義的な宗教改革者には、それとまったく相反する、非合理的思考が宿っている。そしてこれが反抗者ルターのとらえどころのない人間らしさをつくっているのである。それについては後述することにして、いまは彼の学生時代に戻ろう。

エルフルトはマイスター・エックハルトが一三世紀末から一四世紀初めにかけて、修練士として少年期を過ごし、修道院長としてドミニコ会をひきいた町である。彼から約二百年遅れてルターはこの町の大学の一般教養課程に入学し、やがてこの町の修道院で聖職の道を歩み出すのである。奇しくも二人の偉大な教会改革者がこの町で青年時代を送ったことになる。しかし二人の宗教的情熱には大きな温度差があった。最初から修道士になるべくエルフルトを訪れたエックハルトと違って、ルターは二〇歳のとき大学図書館で初めて聖書を読んだと語っている。彼も彼の家族も特段信心深いほうではなかった。ごく普通の大学生ルターはこの町で友人と飲み歩き、リュートを奏し、大学の成績に一喜一憂した。当時エルフルト大学は在学生五〇〇名を有する、ライプツィヒ、ケルンに次ぐドイツ第三の大学だった。一五〇二年の学士に続いて、一五〇五年一月に修士試験に合格し、学芸修士（magister artium）となったルターは、このまま法学生として勉強を続け、父の決めた通り、鉱業でルーダー家に一層の発展をもたらすはずだった。しかしある事件が彼の人生行路をまったく変えてしまう。一五〇五年七月二日マンスフェルトの両親を訪れた帰り道、彼はシュトッテルンハイムという村の近くで嵐に遭う（WAT 4, Nr. 4707）。目の前に落ちた雷にルターは恐れ、大地にひれ伏し、「聖アンナさま、お助けください。修道士になりますから」と叫ぶ。その通り二週間後彼は友人に別れを告げてエルフルトのアウグスティノ修道院に入る。

　この発心は、息子に帝王学を伝授しようと心待ちにしていた父をいたく失望させたであろう。しかしルターはそのことにはまったく触れず、彼が最初のミサをエルフルトでおこなうことになったときに、一族を引き連れて父が修道院を訪れ、二〇ドゥカーデンを寄進してくれた話を紹介している。おそらく二〇歳を過ぎて修道院に入った息子が、肩身の狭い思いをしないようにという苦労人の父らしい心配りだったのであろう。しかし父が成し遂げたすべてと、持てるすべてを息子が否定したことに変わりない。ルターが後に到達する「義認」の思想は、あらゆる経営戦略、投資欲、利殖とは正反対の、「神への絶対帰依」を命じるものだからである。「……だが人間の義は、神がこの世の最善の賜物をもって一時的にこれを称賛なさっても、神の前では幻影であり、信仰なき偽善である。……この問題は驚くべきである。なぜなら神はご自身が不義や悪意と認定する義に対して報酬を授けるからである」（一五三六年の討論より）[2]。よい投資（行為）からよい利潤（義認）が得られるとは限らない。裁定はすべて神の御手にかかっているのであり、人がすべきは勘定ではなく、「信仰のみ」である。こうした考えをすでに二〇年近く前にルターは表明している。「銭が賽銭箱に投げ入れられて、チャリンと音を立てるやいなや、魂が煉獄から舞いあがるという人たちは、人の世の教えを述べている。たしかに銭が賽銭箱でチャリンと音を立てるやいなや、儲けと所有欲は増えるだろうが、教会の執り成しはひとえに神の御心にかかっている。」儲けは投資で買えても、魂の救済は銭では買えない。これこそルターが一五一七年一〇月三一日にヴィッテンベルク城教会に貼り出した有名な『九五箇条の提題』の基本主張だ（第二七、二八番）。

だがしかしルターを西洋史上最大の改革者にした理由を、ファーザーコンプレックスで片付けてしまうのはまったくお門違いである。彼が俊英の集まるアウグスティノ会の門を叩き、ヴィッテンベルク大学で神学博士号を取得し、そこの大学教授として聖書学を講じたことからもわかるように、彼は西欧思想のイロハを完全にマスターした当代一流の学者だった。それは古酒を新しい革袋に入れるということわざ通り、先人の思想を咀嚼し、新しく展開させたものだった。反カトリックの頭目と見なされる彼が、最も敬意を払ったのが、一四世紀のオッカムの唯名論であり、中世ドイツ神秘思想だったことは、興味深い。なぜならどちらも先の章で見たように、反骨者の思想であったからだ。これらの思想とルターの関わりをしばらく考察してみよう。

ルターと唯名論

一三世紀にトマス・アクィナスやアルベルトゥス・マグヌスやドゥンス・スコトゥスによって最盛期を迎えたスコラ神学であったが、一六世紀にはそれはすでに生気を失い硬直化した思考の廃墟となっていた。その最大の原因は、スコラ学がよって立った「普遍的実在論」が科学の世界で支持を失っていったからである。この世界のあらゆる現象は究極的な第一原因から発しており、それを究明することで現象の実態が明らかになるというのが、普遍的実在論である。古代から中世まで、西欧はそうした一方に究極の存在者を立て、もう一方にその影や堕落態である世界を立てて、両極の関係を探ってきた。それはプラトンのイデアしかり、アリストテレスの力学のいう不動の第一者しかり、スコラ学の神しかりである。こうした古い道（via antiqua）は、ヨーロッパが地理的に閉ざされ、強固な身分制度に縛られていた間は有効であったが、大航海時代の到来によって名実ともに新世界が次々と現れ、フランシス・ベーコンやガリレオ・ガリレイの実証的観察主義がアリストテレスの形而上学を無効とし、物理学や化学や天文学の分野で新発見が相継いだ一六世紀以降になると、命脈を絶たれた。科学の使命はもはや究極の普遍実在の解明ではなく、現に知覚される個々の現象の記述となった。普遍的実在論と長らく抗争を続けてきた唯名論がようやく学問の檜舞台で主導権を握る。エルフルト大学でも唯名論ぬきでは一般教養課程が成り立たないところまできていた。ルターがこの新しい道にどれほど心酔したかは、「わたしの師匠オッカムは最も偉大な弁証法論者だった」（WA 6, 600, 11: 一五二〇年一〇月）という言葉からも察せられる。彼の学究生活はオッカムの唯名論とともに始まった。

　唯名論とは簡単に言えば、「薔薇の美しさが存在するのではなく、美しい薔薇が存在するだけだ」ということである。普遍的な「美しさ」「美・性」は、具体的個物から思考が抽出した「唯の名」に過ぎない。この名は現在私たちが「概念」といっているもので、思考には不可欠な道具であるが、それは思考の目的ではない。目的はあくまで美しい薔薇と出会うことであろう。これを神学的に言い換えれば、信仰の目的は、神の「御言」という概念から、神はロゴスであるとか、普遍的叡智であるという定式を導き出すのではなく、イエスが聖書で語った個々の「言葉」へ立ち返り、それをじっくり味わうということだ。この味読は聖書を決して神の御言へと還元しない読み方だ。それは聖書の中の様々なメッセージ、ときには矛盾した教えも、それどころか神の怒りまでも愛で中和することなく、あるがままに受け容れることを要求する。多くの著作を残したルターであったが、彼は注釈書は聖書理解の邪魔になると考えていたし、ヴィッテンベルク大学教授としておこなった講義もほとんどが旧約聖書についてだった。ルター神学のモットー「ただ聖書のみ」（sola scriptura）、すなわち聖書の言葉に虚心に耳を傾ける、とは神の言葉の唯名論的な理解だったともいえる。

エックハルトとルター

ここで重要な問題が現れる。聖書の言葉に虚心に耳を傾けるとはどのようにして可能なのであろうか。それはまったく簡単なことではない。私たちは神の言葉に当然のことながら、救いのメッセージや教訓を期待する。それを信じるとは、この期待をそれがかなえてくれるからではないだろうか。たとえかなえられなくとも、少なくともかなえられ得ると信じることは必要だろう。しかしこうした功利主義をルターは「義認」という考えで、厳しく禁じた。人を義とするのは、人ではなくあくまで神であり、何人もその義認を神に強要はできない。この思想の根底に唯名論という進歩思想があることは先に見たが、それは同時に神秘思想というアルカイックな思想にも根をもっている。

ルターは壮年期から、偽ディオニシオス・アレオパギタ、ボナヴェントゥラ、ベルナール・ド・クレルヴォの著作に親しみ、それらを批判的に消化していた。これらの著者はいずれもキリスト教世界でとりわけ神秘的色彩の強い思想家たちであることから、ルターの神秘思想への傾倒がうかがわれる。その中でも彼のヨハネス・タウラーへの心酔はひとかたならぬものがあり、最も偉大な師として著作の中にたびたび引用している。タウラーは一三〇〇年頃に生まれ、一三六一年にシュトラースブルク（現ストラスブール）で没したドミニコ会修道士だが、ハインリヒ・ゾイゼと並んでマイスター・エックハルトの衣鉢を継いだ弟子として有名である。ルターはタウラーの説教を愛読していたが、注目すべきは彼が読んだアウクスブルク版（一五〇八年発行）の著作集に収録されている八四の説教のうち少なくとも四つ（二番、六番、八番、九番）が実はエックハルトの説教だということである（批判的校訂版一〇一番、一〇二番、一〇三番、一〇四番）。異端断罪を受けたマイスターの説教を匿名で流布させたり、弟子の名前で別の説教集に組み入れたりすることは日常的におこなわれていた。つまりルターはそれと知らずエックハルトの教説に触れ、これを絶賛し、影響を受けていたことになる。さらにこうした直接的な影響関係だけではなく、ルターが、エックハルトの強い影響のもとに一三、一四世紀に書かれた『ドイツ神学』を一五一六年に自ら編集発行したという事実が、この二人の思想家の思想上の親近性を物語っているといえる。[3] 特に注目すべきは、彼がそれと知らず読んだエックハルトの説教が、神の言葉を真に聴くとはどういうことなのかを論じていることである。以下でその三つを取り上げて、そのことを明らかにしてみよう。[4]

一．エックハルト説教一〇一（Q五七）番「沈黙の静けさがすべてを包み、夜がその歩みで半ばに達したとき」（知恵の書一八章一四節）

キリスト降誕祭の最後の祝日にもたれたこの説教の主題は、続く一〇二番、一〇三番同様、神の永遠の誕生である。この三つの説教は内容上密接に関連している。一〇一番では次の三つの問いが立てられる。第一は神の誕生する場所についての問い、「どこで父なる神は魂に御言を語るか」、「この（御言の）誕生する場所はどこか」、「魂はどこでこの神の働きを受けるのか」（p. 338, 14f.）である。第二はそれに対する人間の振る舞い、「人はこの働き――啓示や誕生――に対してどのように振る舞うべきなのか」（p. 340, 23f.）である。第三の問いはその効果、「神の誕生が及ぼす効能はどれほど大きいのか」（p. 341, 32）である。第一と第二の問いにエックハルトは、神が御子を生む場所を魂とし、それは、「身ぎれいで、貴族のように生活し、身持ちが堅く、籠もっていなければならない。五感を通って被造物のあれこれに出ていってはいけない」（p. 339, 4-340, 3）とする。エックハルトは魂の力に「理性」と「記憶」と「意志」があると考えたが、それらは日常生活では有益だが、すべて外の仲介物と一緒になって働くがゆえに神を受け入れるときには障害となると考えた。たとえばわたしたちは何かを考え、記憶し、意志するためには像、すなわち表象や概念が必要だ。しかし神は像ではないので、こうした魂の力では捉えられない。神を像の仲介なしに取り入れるためには、障害となるこれらの力を取り除いて、まったく純粋な「無」の状態へ魂を戻さなければならない。第三の問いに彼はヨハネ福音書一章一二節を引きながら、「おまえも同様に、天なる父の子としてそこで生まれることができる。他の誰の子でもない」(p. 366, 5-6) とする。御言が魂の闇を照らす光として生まれるということは、それを魂が聴き取ったということであり、そのとき魂は神の子となるというのである。ここで興味深いのは、エックハルトが最初にあげた『知恵の書』からの一節を、神の御言が恩寵として人に与えられるのではなく、厳しい自己放棄の厳命として与えられると解釈する点である。

夜の真ん中で
すべてが静寂の中で黙すとき
隠された言葉がわたしに語られた
それは略奪者の風貌で
奪うようにおとずれた

［エックハルト『説教』第一〇一番］

沈黙の静けさがすべてを包み
夜がその歩みを半ばまで進めたとき
汝の全能の言葉が天から、王座から
情け容赦ない征服者 (debellator) として
滅びの地上の真ん中に降り立った。

［ウルガタ訳『知恵の書』第一八章一四節以下］

一見するとエックハルトはこの箇所をずいぶん自由に翻訳しているようだが、文脈を追ってみればそこに彼の特別な含意があることがわかる。ラテン語の debellator とは戦争を終わらせる勝利者という意味であるが、エックハルトが神の御言にわざわざ略奪的性格を付与するのは、これが魂を完全に奪いつくし無化して初めて語られ、聴かれるものだからである。御言の略奪的性格はこれに続くウルガタ聖書で明確に描かれる。「(言葉は) 鋭い剣のような汝の厳命を携え、すべてを死で満たし、天に触れつつ地に足をつけていた」(一六章)。ここにはユダヤ教の強い終末思想が流れているが、エックハルトは世の終わりを物質世界の終焉と解釈し、御言の誕生を千年王国の到来と重ね合わせたのである。

二．エックハルト説教一〇二(Q五八)番「ユダヤ人の王としてお生まれの方はどこにおいでですか」(マタイ二章二節)

救世主の降誕を知って、東方から来た占星術の学者が発したこの質問にエックハルトは、神は永遠に魂の中に生まれたと答える。もちろん歴史上のイエス・キリストはベツレヘムの厩に生まれたのだが、エックハルトは、この誕生は今を生きるわたしたちの魂の中にも不断に続いているとする。それは人を輝かせる「理性の光」として魂の最奥に宿ったのである。しかしこの光はどの人も照らしているわけではなく、多くは世俗のものと関わるうちに曇り、見えなくなってしまう。神の誕生を完全に受け入れるためには、外に向かう働きを内に向けなければならない。エックハルトは言う。

「もし人が内面の仕事をしたいのなら、すべての力を内に向けて、魂の隅に集め、あらゆる像とあらゆる形から逃げなければならない。[…]忘却と無思量に入らなければならない。私の言葉を聞くためには、静かにして黙らなければならないだろう。静寂と沈黙でしかこの言葉に仕えることはできない。かの非知（unwizzen）で言葉は聞かれ、理解される。知のないところで言葉は明かされ示される。[…]しかし知らないというのは不足ではないか。神は人間を知る者へと創造した。予言者も、「主よ、彼らを知るものにしてください」と言っている。非知があるところ不足と空白がある。そんな人は獣のような人間で、猿か、愚者かだろう。確かに彼がその非知にとどまるだけなら、そうかもしれない。しかし人はここから上位の非知（überformet unwizzen）に行かなければならない。この非知に非知から来てはだめだ。この非知には知から来なければならないのだ。そのとき、わたしたちは神の知によって知る者になり、わたしたちの非知は超自然的な知によって高められ、飾られる」（p. 419, 1-420, 8; Q: p. 430）。

理性の光とは神の御言《みことば》であり、これに耳を傾け、さらにはこれに内面から語らせるためには人間は絶対的な静寂を守らなければならない。[5] それをエックハルトはあらゆる思量の止んだ「非知」

と呼ぶが、これは何も知らない無知ではなく、弁証法のようにそれを超えて神の知によって高められた超自然的な何も知らない知の境位なのである。

三．エックハルト説教一〇三（Q五九）番「イエスが一二歳になったとき」（ルカ二章四二節）

イエスは一二歳になったとき両親とともに過越祭にイェルサレムへ旅をしたが、帰り道で両親とはぐれてしまった。マリアとヨセフは親戚や知人のもとを捜し、道々たずねながらイェルサレムに戻り、三日目にようやくイエスを見つける。彼は神殿の境内で学者たちの真ん中に座り話を聞いたり質問したりしていた。心配した母にイエスは、「自分は父の家にいるのに何が心配なのですか」と答えた。

この説教も先の二つ同様、降誕祭の時期にもたれたもので、内容も神が誕生するためには魂を純粋に保つべきことが説かれている。エックハルトはこのルカの伝える逸話で、イエスを見つけるためには親類縁者にたずねたり、群衆の中を探してはいけないとする。ものを求める人は記憶と理性と意志を使うが、これは人を千々ばらばらにする。唯一のものを求める人は、感覚であれイメージであれ、自分を見いだし思うすべての能力を捨て去らなければならない。「永遠の真の言葉は、自分自身も千諸万端も、荒野、異国のようになった孤独の中でのみ語られる」（p. 482, 2-4）。自分や自分を取り巻くものを「荒野や異国」にするとは、端的には物欲、あるいは肉欲から自由になることである。そのためには断食や徹宵や礼拝や跪伏や鞭打ちは、肉を去り、精神をいち早く天上に帰してやるために有効な技だが、しかしそれ以上に有効な手段があるとエックハルトはいう。

「もしお前が千倍もうまく、精神を縛って手なずけたいと考えるのなら、それに愛の轡《くつわ》と締帯をかませよ。愛を使えばお前はそれをすぐに押さえ込み、最も強く手なずけることができる。それゆえわたしたちに、他の何より愛をしっかりと植えつけたのだ。［…］この甘い重荷を背負ったものは誰でも、だれもがやる苦行や鞭打ちよりずっとうまくやり、ますます目的に近づく。いやそれどころか、なすべきことや、神が命じたすべてのことを嬉々として受け入れ我慢する［…］」(p. 491, 1-492, 2)。

ここでエックハルトはきわめて特殊な主張を展開している。ドミニコ会は、人間の本質を知性だと考え、これを愛とするフランシスコ会とは対立していたはずであるが、知性が千々に乱すのに対し、愛が統一するとするのはアウグスティヌスに近い立場なのである。さらには修道院制における重要な要素である禁欲行を評価しながらも、完全なものとはみなさず、代わりに愛を中心に据えることで、パウロ的、さらには女性神秘思想的な立ち位置に移動している。それは次の一節にも読み取れる。

「お前を神に近づけ、神をお前のものとするために、愛の甘い縛りにまさるものはない。この道を見つけたら、目移りしてはならない。この針にかかったら、足も手も口も眼も心も、人間のすべてがまったく神のものとなってしまう。傷つけられずに敵をねじ伏せるために、愛ほど役に立つものはない。それゆえ聖書にはこうあるのだ。『愛は死と同じ強さ、地獄と同じ辛さ』（雅歌八章六節）と」（p. 492, 4-9）。

魂がかかれば、「漁師の釣り針」のように釣り上げてしまう愛（minne）とは――愛欲や肉欲ではないにしても――カリタスと呼ばれる隣人愛では物足りない。それが秘めた男女の睦みであることは、エックハルトが『雅歌』を引くことからもわかる。『雅歌』は聖書の中で、そのエロチックな内容で異色の聖典である。恋人に見捨てられた魂が愛の命じるままに、恋人を求めてさまよい歩く物語には、とりわけ中世の修道女の熱烈な支持が集まり、ここから雅歌文学というジャンルが誕生した。彼女たちは自分たちを神の花嫁に擬して、イエスへの愛を素直な言葉で吐露した。エックハルトは精神を手なずけるにはこのエロスも必要だと強調する。

以上がルターが確実に読んだエックハルトの四つの説教の内の三つである。彼はこれにより、「魂における神の子の誕生」というエックハルト神秘思想の根本命題に触れ、「像を介さない純粋認識」、「自己放下」、「無」、「禁欲行の制限と愛の実践」という重要な主張を学んだことになる。

とりわけ中世神秘思想から彼が、神の言葉を虚心に聴くことの意味を学んだということは重要であろう。なぜなら彼が三三歳の時にヴィッテンベルク城教会に貼りだした免罪符批判も、「信仰のみ」という基本主張も、義認論もすべて神の言葉を聴くことが根底にあるからである。

第二の肖像画

いわゆる「免罪符」(贖宥状)の販売を非難した九五箇条の提題が、キリスト教国を二分する大騒動の発端となったことは周知の通りであるが、主張自体は実に端的で明快である。教会法は生きている人にのみ有効で、死者には適用されない(第八番)。司祭の中には煉獄にまで教会法を適用しようとするものがいるが、これは無学としかいいようがない(第一〇番)。それゆえ教皇といえども、この世で魂が犯した罪を、煉獄で赦すことはできない(第二二番)。免罪符を買えば、かならず救済されると考えるのは愚かである(第三二番)。真に悔い改めたキリスト教徒は免罪符がなくとも、罪を赦されている(第三六番)。免罪符などを買うより、貧しいものに施しをしたり、困っているものにお金を工面してやるほうがずっと善行を積んだことになる(第四三番)。有り余るほど財産があるなら別だが、なければ、貯金した方がよいし(第四六番)、買う買わないは個人の自由である(第四七番)。免罪符を売る説教者はぼろ儲けをしている(第五〇番)。彼らにだまし取られて貧乏になった人々のために、教皇は聖ペテロ教会を売り払って埋め合わせをしてやったほうがよい(第五一番)。こうした批判に答えようとしなかったり、それを圧殺しようとしたりすることは許されない（第九〇番）。提題はごくわかりやすい端的な表現で、免罪符の矛盾と罪過を告発している。ここでは免罪符の販売人にうまく丸めこまれている教皇に同情するトーンが強く、彼を「アンチキリスト」、「ロバ」と呼んで攻撃する辛辣さはまだ現れていない。（後年ルターは手心を加えたことを後悔している。）

この提題を読んだ市民は歓喜の声を上げたに違いない。彼らとて馬鹿ではない。それまでは、免罪符を売りつける業者のいかがわしさにうんざりし、こんな紙切れ一枚で本当に死者が救われるものかと思っていても、万一買わなかったせいで、いまは煉獄にいる祖父母や両親が永遠に地獄に落ちてしまったらどうしようと考えると、なけなしのお金をはたいてでも買うしかなかった。そこに、この集金システムを馬鹿馬鹿しいと一刀両断に断ち切る明晰な頭脳が現れて、真実の悔い改めさえあれば罪は赦されると説いたのである。この本音トークに人々は熱狂し、ルターは一躍スター説教師となる。しかしこの気鋭の神学者は、人々が期待したような、悪と戦う大天使ミカエルのような人間ではなかった。

ルターが矛盾の人であることは冒頭に述べた。首尾一貫した主張がカトリック教会に綱紀粛正を求め、強靱な忍耐力と妥協を知らぬ完遂力が理想の信仰形態を探し出したように見えるが、実際は彼の宗教観も政治姿勢も清濁あわせもつ矛盾の多いものだった。有名なルターを風刺した木版画『マルティン・ルターの七つの頭』は彼の百面相的な節操のなさをよく表している。（図8

ー2上　一五二九年）フルダのハンス・ブロザーメルが描いた版画は、たとえば一五三〇年にコンラート・ゲスナーが描いた『七つの頭をもつ竜』（図8－2下）と比較してみれば、反教皇文書を逆手にとって、ルターこそがアンチキリストだといわんばかりである。向かって左から博士、修道士、ターバンを巻いたトルコ人、中央は教会の説教師、スズメバチの巣を頭にいただく凶暴な熱狂者、異端者を取り締まる巡察使、最後はキリストの代わりに恩赦に与った罪人バラバがルターの首にのって聖書を読んでいる。裏切り者を告発するというよりも、この木版画は政敵がルターのつかみ所のなさの前で困惑している様子がよく見てとれる。いや、敵だけではなく味方もそのつかみ所のなさに翻弄される。彼にはメランヒトンやクラーナハを初め、彼に全幅の信頼を寄せる信奉者がいた反面、天敵のように忌み嫌う人々もいた。その最たるものが、彼の教皇批判を信じて立ち上がり、当初は文

図 8-2　ルターとアンチ・キリスト

援の約束を得ていたにもかかわらず裏切られた農民戦争の勇士たちであろう。しかしいまは彼らの無念にはたち入らず、同じようにルターを頼り正義を貫こうとした反逆者を紹介しよう。

復讐するは我にあり

ルターが登場する文学で最も異色なのは、一九世紀のドイツの作家ハインリヒ・クライストの書いた『ミヒャエル・コールハース』（一八一〇年発表）であろう。一六世紀に実際にあった事件をもとに書かれたこの物語には、正義をめぐって二つの反骨精神がぶつかり合う様が描かれている。

ブランデンブルク選帝侯領の馬商人ミヒャエル・コールハースは，国境で土地貴族のヴェンツェル・フォン・トロンカが不当に通行税を徴収しているのを知り、ザクセン選帝侯に直訴するためにドレスデンに向かう。しかし宮廷はトロンカ家の縁者に牛耳られているため、彼の訴えは握りつぶされ、それどころか自分の所有する馬を不当に奪われ、さらにはそれに抗議した妻もトロンカ一味に惨殺される。これによって、それまでは温厚で「正義の黄金の秤」と呼ばれた良識の人コールハースは一転、殺人鬼と化し、財産を処分して傭兵を雇い、トロンカの居城を襲って、住人を虐殺し、逃走した城主を追って、行く先々の村や町に放火しながら、ザクセン公国を荒らし回る。一見理性的に見える人がちょっとしたきっかけでまったく別人に成り変わってしまう怪奇をクライストは好んで描いた。正気と狂気、正義と悪が此岸と彼岸に相対峙しているのではなく、同じ域内にあるもの、あるいは「同じもの」なのではないかというのが、彼が啓蒙主義の描く、均整のとれた人間像に投げかけた疑問だった。彼は無意識の世界に目を向けた作家と言われる。フロイトは人間の正常な精神をつくる意識の下に、決して意識されることなく沈潜し、人間を奥底からコントロールする「無意識」の存在を明らかにしたが、クライストは彼に百年先立ってそれを文学で表現した。

殺人鬼コールハースが無意識の人だったのに対して、ルターはここでは完全に意識の人として描かれる。卓越した宗教家であると同時に、無類の知略家であった彼は、彼の教会批判に共鳴した農民たちに初めは同情的だったが、彼らが団結して領主に抵抗し始めると、きびすを返したように農民批判を初め、結局弾圧する側に回ってしまった。コールハースの反乱を記録した年代記作家は、ルターが馬商人に書簡を送り、冷静さを取り戻すよう、神の名において命じたことを伝えている。ここでは謀反人は本名でハンス・コールハーゼと呼ばれている。

「ルターからシュプレー河畔ケルンの住人ハンス・コールハーゼへ
ヴィッテンベルク　一五三四年一二月八日

キリストの名において慈悲と平安を。良き友よ。わたしが貴殿の反乱に心痛めたことは神もよくご存じです。復讐などもってのほかです。それは良心の重しがとれたときに生じるものです。［…］「正しいものを求めよ」とモーセは言っています。不正をさらなる不正によって糺《ただ》すことは出来ません。自ら裁判官となり、自ら裁くことは明らかに正しくなく、神の怒りにふれて罰せられるでしょう。貴殿に正義がついているなら、うまくいくでしょうが、もし正義に見捨てられたら、不正に堪えるしか道はありません。［…］神が罰するようなことを女子供や肉体や命にするつもりですか。貴殿がキリスト教徒ならこう言いなさい。「主なる神よ。これは自業自得です。あなたが正義です。わたしへの罰も少ないほどです。御子イエス・キリストの受難に比べれば、わたしたちの苦しみなどどれほどのものでしょう」と。貴殿は書面でわたしの忠告をご所望なので、ならば忠告しましょう。平和が成りうるところで平和をつかみなさい。そして善と名誉のために苦しみに堪えなさい。もし貴殿がこのまま反乱を続けて、罪と悪業を繰り返すのであれば、復讐に手を貸すものは神を畏れず、不実で、自らの徳だけを探します。彼らは最後は貴殿を裏切り、手痛いしっぺ返しを食うでしょう。扉に悪魔の絵を描いてはいけません。悪魔を洗礼の名付親にしてはいけません。彼は嬉々として駆けつけます。復讐の仲間は悪魔の連れです。悪業の限りをつくし、あとはもろともに地獄行きです。［…］」（WA 7, (Briefwechsel), p. 124f.）。

ここにある落ち着きと自制は、ルターが意識の人であったことをよく表していよう。だが堅忍不抜の宗教家のイメージがクライストには気にくわなかったのか、小説で手紙をもっと激しい非難文に書き換えている。一部を引用してみよう。

「コールハース、正義の剣を振るうために遣わされたと吹聴するものよ。盲いた欲望の狂気のなかで、身の程知らずにも、何をしようとしているのか。頭の先からかかとまで不正に満ちたものよ。汝が仕える領主が、汝の権利を認めなかったので、わずかばかりの財産をたてに争いを起こし、汝の権利を火と鉄にものをいわせて勝ちとろうとする、救いなきものよ。そして汝はまるで荒野の狼のように、領主の治める平和な土地に忍び込む。事実に反する企みに満ちた情報で民心を惑わすものよ。罪人よ、心の襞の一つ一つにまで日が差し込む裁きの日が来て神の前に立つとき、言い逃れができるとでも思っているのか。正義が汝には拒まれているなどとどうしていえるのだ。下劣な復讐心の虜となって怒り狂い、最初の軽率な試みが失敗したからといって，それを修復する努力をすべて放棄したのではないか［…］。[6]」

トーンの差は歴然としているが、クライストが自作に無慈悲な宗教改革家を描いたのには訳がある。この作品が書かれた一八〇八年は、ドイツはナポレオンを盟主とした「ライン同盟」（一八〇六−一八一三）と呼ばれる諸国同盟に組み入れられて、実質フランスの属国化していた。プほぼすべての領国がこの同盟に加わったが、唯一プロイセンとオーストリアは独立を守った。プロイセンの貴族の家系に属するクライストにはナポレオン支配は許しがたく、ナポレオンの軍門にくだり、王号を保証してもらったザクセン王は売国奴であった。ところで時代を三百年さかのぼり、物語の舞台となった一六世紀の中葉はルターの宗教改革の影響でドイツの多くの領国が政治的な理由からプロテスタントに改宗していた時代である。ザクセン選帝侯国もいち早くルター派に改宗し、のちの三十年戦争では、カトリックのハプスブルク家と対立し、スウェーデンの傭兵に国土を荒らされる原因をつくった。（これについては第九章「ヤーコプ・ベーメ、あるいは吹き飛ぶ門」を参照されたい。）それゆえドレスデン王の変心はクライストには二重に腹立たしく、『ミヒャエル・コールハース』でも、彼を優柔不断で君主の徳に欠ける人物に描いたのである。物語の終盤にジプシー女を登場させて、彼女にザクセン王国の滅亡を予言させるくだりなど、クライストの愛国的メッセージがよく聞き取れる。

実際の年代記は、書簡を見たハンス・コールハーゼが夜陰に紛れて、ヴィッテンベルクのルターのもとに直接出向いて面会を申し出たと記している。大罪人をルターは部屋に通し、メランヒトンを初めとする神学者を呼んで、ことの仔細を話させること深夜に及んだ。その後、彼らの前でコールハーゼは今後ザクセン公国で狼藉を働かないという誓いを立てて、明け方告解をし秘蹟を受けて帰った。史実ならば興味深いが、ルターの居室でどのような話し合いがなされたのかは伝えられていない。クライストはその歴史の空白を物語で埋めようとする。しかし宗教改革者の口調はまたしても辛辣である。最初から「救いのない極悪人め！」と恫喝し取り合おうとはしないルターにコールハースは、訴訟のやり直しを求め、もしルターがそのために選帝侯に口添えをしてくれるなら、武器を捨てて罪人としてドレスデンに護送されても構わないと言う。ルターは彼のために選帝侯に恩赦を提案すると約束する。再審の希望に安堵したコールハースは部屋を辞する際、告解を聴いてほしいとルターに懇願する。だが、赦しの徳を説く彼にコールハースが「誰を赦してもトロンカだけは許さない」と断言するのを聞き、ルターは背を向けてしまう。秘蹟を拒まれ断腸の思いでヴィッテンベルクを後にしたコールハースは、抗いがたい運命に呑み込まれ、破滅の道を歩む。

クライストはこのくだりを描くとき、ルターが彼を当てにして蜂起した農民たちに背を向け、領主の側について反乱を鎮圧した歴史的事実に思いを馳せたのであろう。ここに農民一揆の指導者トーマス・ミュンツァーとコールハースの面影が重なる。確かにルターはカトリック教会から非難されただけではなく、政治的にプロレタリア運動家たちからもブルジョアの犬として厳しく糾弾された。社会主義革命で有名なフリードリヒ・エンゲルスは、エックハルトやベーメを真の神秘家として絶賛する反面、ルターを堕落した神秘家として切り捨て、戦後西ドイツの左翼思想家エルンスト・ブロッホは著書『トーマス・ミュンツァー　革命の神学者』で、彼を「初めは使徒だったが、最後はユダとなり」、「すべてにわたって原理の荒廃を招いた」とこき下ろした。[7]

確かにルターの裏切りには、暴力革命に対する嫌悪感という定説だけでは説明できない、無気味な変心がある。彼は以前こう述べていた。「なぜわれわれはあらゆる武器をとって、この堕落の教師たち、枢機卿たち、教皇たち、そして休みなく神の教会を堕落させつづけるローマのソドムの膿腫全体を襲撃し、かれらの血でわれわれの手を洗わないのか？」そしていま彼は領主たちに農民たちの鎮圧を呼びかける。「刺せ、撃て、絞め殺せ。あなたがそれを怠れば、よいか、あなたはぜったいにこれよりましな死を得はしないのだ。いまは他人が祈りによって天国に値するよりは、君主が血をすすぐことの方がずっと天国に値する、そういう異常な時代なのだ」（『強盗的・殺人的農民に反対する』、ブロッホ前掲書同箇所）。この点でクライストの描く個性的なルターは、年代記の伝える物静かなルターよりも実像に近いといえる。

悪魔は世界ほど大きい

矛盾といえば、先に見たルターのノンフィクションの手紙に「悪魔を扉に描いてはいけません」という文言があったが、これは彼が『翻訳についての回状』で用いた表現だ。キリストへの信仰を怠り、聖人や偶像に目を奪われる危険を説いた書状で彼は、神のもとへ行き神をつかむためには、ただでさえたくさんの障害があるとした後で、「悪魔は放っておいても現れます。わざわざ悪魔の絵を扉に書く必要はありません」とする。[8]世俗のものへの誘惑を悪魔に喩えることは中世以来、多くの宗教家によっておこなわれてきたが、ルターのこの言葉がそれらとひと味違うのは、彼が本当に悪魔を信じていて、自分自身の体験から、「悪魔はひとりでに現れる」と言っていることである。悪魔にまつわる話で最も有名なものは、ルターがヴォルムスの帝国会議で自説の撤回を拒否した後、ヴァルトブルク城にかくまわれて、そこで聖書のドイツ語翻訳に取りかかった頃の逸話だ。夜中まで翻訳に没頭していると、どこからともなくかりかりとひっかく音が聞こえてきた。彼は頭を上げてその音のする方向にインク壺を投げ、悪魔よ去れと叫んだというものだ。インク壺は壁に当たって砕け散り、音はやんだ。今でもヴァルトブルク城のルターの間には暖炉の横に壺の当たった小さな穴が残っている（そうだ）。

後代の研究者は、ルターのいう悪魔とは、聖書がドイツ語を通して世俗化することを恐れる教皇を初めとする反改革運動勢力の隠喩だとしたり、そうした一連の迫害に対する彼自身の強迫観念によるものだとしたりして、実際の心霊体験とはとりたがらないが、それではいったい食卓講話に山のように記されたルターの悪魔への言及はどのように説明できるのだろうか。素顔のルターは自分の心霊現象を臆面なく人に語って聞かせているのだ。

「マルチン博士は魔術についてや、喘息についてや、妖精についていろいろ語った。たとえば母堂が隣の女まじない師にとても悩まされていて、彼女をとても親切に丁重に扱って、怒らせないようにしていたとか。まじない師の女は彼女の子供たちをよく突いたので、子供は死ぬような叫び声をあげたからである。ある説教司祭がこの女に名を伏せて罰を与えたことがあったが、反対に魔法をかけられ、亡くなった。どんな薬も効かなかった。女は彼が立っていたところの土をすくって水に投げ捨てて、魔法をかけたのだ。この土がなければ彼が良くなる望みはなかった。」（食卓講話、一九八二番b、WAT 3 (Tischrede), 131, 20-26.）

五〇歳のルターが幼年時代の母のことを回想した微笑ましい逸話のように見えるが、描かれているのは紛れもなく魔女であり、母子が二人してその存在を信じていたことは、奇妙というほかない。ルターの明晰な頭脳が炭鉱夫から鉱山経営者にまで登り詰めた父親ハンスの経世の才に負うところが多いとすると、彼の迷信深さは母親マルガレーテ譲りのものである。彼はたびたびポルターガイストに出会ったことを記している。

「しかし、悪魔が家々の中でがたがた音を立てて徘徊するのは、珍しい未曾有のことではない。ヴィッテンベルクのわれわれの修道院でも、私ははっきりと悪魔の音を聞いたことがある。というのは、私が詩篇を読み始めた時とか、朝課を歌った後で食堂に座り、講義の勉強や書き物をしていた時、悪魔がやってきて暖炉の後ろの辺りで、まるで穀物を計る升を引きずりながら運び出すような音を三度立てたからである。その音は止みそうもないので、とうとう私は冊子類をかき集めて寝台に入った。だが、このとき私は悪魔に抵抗しなかったことを後悔した。そうしたら悪魔はどうしたろうか見届けられただろうに、と」[9]（食卓講話、六八三二番、邦訳三三頁）。

こうした証言は多くの研究者を当惑させるところであるが、気鋭の神学者として名をあげてもデモノロジーへの興味は終生消えることなくルターに寄り添った。「悪魔は世界ほども大きく、かつ世界ほども広い。悪魔は天から地獄にまで達している」（食卓講話、二五六九番、邦訳三〇頁）というように、彼は神とならぶ世界のもう一人の真実在としての悪魔を信じていたのであり、それはアウグスティヌスの言うような善の不在というような消極的なものではなく、目の前に立ち現れるリアリティーをもった存在だった。言うまでもなく、彼の人生はまかり間違えば命さえ落としかねない危険と隣り合わせだった。行けば殺されるかもしれないヴォルムスに出発するとき、そこに悪魔が巣くっていると彼が考えたとしても不思議ではない。その後、数多き論敵との論戦を交わし、農民から裏切り者として攻撃され、低次元の政治的中傷に堪えた彼の人生は、悪魔との闘いそのものであったといえよう。疑いもなく彼の世界には悪魔は存在したのである。

第三の肖像画

ルターはある書簡で、人と争うことの愚を説いているが、実際は信念を貫き、妥協することはなかった。争いは愚の骨頂であることは間違いない。しかし信念を曲げず、真理を宣べ伝えるためには争いも辞さないものがいるからこそ、わたしたちは生きるに値する世界に生きられるのかもしれないし、人類は泥沼のような精神の停滞から抜け出せるのかもしれない。闘うエネルギーは珠玉の一滴を絞りだすかのように、時代を牽引する人物を輩出する。一六世紀、ルターのまわりにはきら星のごとくに秀逸な人材が現れた。ルターの親友メランヒトンの大叔父であった、改宗ユダヤ人ヨハネス・ロイヒリーン（一四五五－一五二二）はギリシア・ローマの文化に通じた人文主義者であった。改宗ユダヤ人を弁護する立場を表明したことから、宗教裁判に引きだされたロイヒリーンを弁護したのが、やはり人文主義の薫陶を受けた騎士ウルリヒ・フォン・フッテン（一四八八－一五二三）である。皇帝より桂冠詩人の称号を賜った彼は後年熱烈なルター信奉者となり、反教皇的な武力革命を計画した。フッテンが騎士による上からの改革の推進者とするなら、先述のトーマス・ミュンツァー（一四九〇－一五二五）は農民による下からの革命を指導したといえるであろう。二人ともたぐいまれな文学センスと、進歩思想で時代を彩ったが、やがてルターと不和になり、若くして歴史の表舞台から消えた。

時代はこうした早熟の天才たちを育て、一人を残してすべて刈り取った。しかしルターが後代にまでとどく光を投げかけられるのは、彼を取り巻くこうした星雲団があったからであり、彼らなくしてはルターもいなかっただろう。思想の遠近を考えればそれぞれに隔たりがあるが、表現の点では抗議するプロテスタントたちは同じ戦法をとった。メディア戦略である。

宗教改革が――ルターは認めないであろうが――プロレタリア革命であったことは疑いない。それはキリスト教会の編み出した宗教的資本主義、すなわち信仰の独占的市場化に反対し、自由に生産した作物を自由な販売ルートで売買しようとしたものである。いわば流通革命のような活動を支えたのは、ビラやパンフレットであった。一五一七年の事件以来ルターは反教皇派のリーダーと目され、彼の著作は「飛ぶように」売れた。同時代者の証言通り、書籍商は彼の新刊を求めてライン河畔の版元をまわり、見つければ「引きずって」買って帰った。ルターやフッテンも自らの思想をいち早く印刷させ、できるだけ広い地域に影響力を及ぼそうとした。これはカトリックの司祭たちが相変わらず説教壇から毎日曜日に集まった聴衆に説教していたのとはまったく違った教化形式であった。人はいつでも、一人ででも、どこででも宗教改革の理念に触れることができたのである。ただし彼が読めればの話であるが。書籍革命が起こって爆発的に識字率が上がったとはいえ、農村や都市の低所得者階級では文字が読めない人はまだごろごろいた。本はまだインテリの所有物であった。そこで重宝されたのが木版画である。

巨人ゴリアテに立ち向かう少年ダヴィデが石つぶてを用いたように、カトリックという巨人に立ち向かうプロテスタントは紙つぶてを投げた。神の声を司祭を通して聴くしかなかった無学な信者たちに、直接見て知る可能性を開いたのである。こうした視覚を通した教化方法はたしかに古来すでに存在した。カトリックの教会に入ってみれば、そこは視覚芸術の宝庫であり、降誕図や聖母子像や磔刑図の前に立てば、文字を通さずともキリストやマリアの生涯が一目瞭然でたどれる工夫がなされている。ビラやパンフレットは言ってみれば、教会に行かなくともそれができるようにしたのである。

偶像崇拝を厳しく禁じた以上、信仰をヴィジュアル化することに少なからず後ろめたさを感じたのか、ルターは著作や書簡のあちこちで「目に見える言葉」を弁護している。安易な寓意化には反対しつつも、彼は「像がなければ何も考えることも理解することもできない」とする。

「わたしは、有り難いことに、頭のよい人と同じくらい正確に地獄について語ることができるし、その姿形について、その意味するところを説明も解説もできる。だがしかしわたしはそうしたものを使って高尚な考えに向かうより、この現象をうまく絵に描いて、子供にでも理解でき、単純明快に言い表すほうを選びたい。そもそも人々は高尚な考えを理解しないし、悪魔はそれをいいことに彼らを正道から逸らせるものだ。図はわたしの邪魔をしないし、誤らせない。それはわたしがこの現象をもっとよく把握し、記憶にとどめる助けとなり、役に立つ」（『説教』第一三番 WA 37, 32-40）。

彼はまた別の箇所で、キリスト自身民衆に天国の秘密を目に見える像や比喩を通して明らかにする一方、学者たちを非難したことをあげて、救済史の可視化を正当化しようとしている。だがそれが可視化する対象は、カトリック教会堂の内部を荘厳に飾る、救済の歴史的瞬間ではなく、ロバの蹄をもった背徳的教皇、堕落した枢機卿、集金に余念のない貪欲な司祭、アンチキリスト、その反対に高潔なプロテスタントの戦士、そしてルターその人である。人々はそうした木版の風刺画を見ながら、あるときは教会の説教で、あるときは居酒屋で語り合い、爆笑し、教会批判に花を咲かせたのである。

ルターをめぐる最後の一枚は、「最後の説教師」に扮した彼の姿である。「最後の説教師」とは、

「最後の審判」を前にして、アンチキリストと戦うために神に遣わされるとされる「最後の修道士」のパロディである。この修道士は中世末期に登場し、異端討伐を積極的に推し進めた、フランシスコ会とドミニコ会を指すのが普通であったが、創設者の青雲の志は色褪せて、やがて既存教会と手を組んで民衆を搾取する集団となりはてていた。

ルーカス・クラーナハ（子）が一五四六年に制作した木版画『キリストの真の宗教と、アンチキリストの誤った偶像崇拝の違いについて』では、中央の柱を境に向かって左側が正しいキリスト者、右側が誤った偶像崇拝者たちを描いている。右側の説教壇に立つ、フランシスコ会士の僧衣を着た、肥え太ったアンチキリストは、背後の悪魔からふいごで偽の予言を吹きこまれている。足下では修道士たちが説教を熱心に聞いている。その後ろでは、司教と修道女が免罪符を台に広げて販売しているのが見える。金貨の詰まった袋が所狭しと並べられ、修道士の一人がその一つを物欲しそうに指さしている。遠方にはマリアの幟を掲げた行列や、ローマに巡礼する一行が見える。こうした人々の上に神が硫黄の雨を降らす日も近い。カトリックの世界はまさに破滅に瀕しているのだ。

向かって左側の説教壇に立つのはいうまでもなくルターだ。天の父から発せられた御言はイエス・キリストと聖霊の子羊をへて彼に達している。彼が聖書に手を置いていることは、手ぶらで説教するアンチキリストとは対照的である。彼の説教を聞くのが市民や騎士であることも、彼の支持者の特徴を表している。とりわけカトリック側には描かれない女性たちが聴衆の外側に座っ

図 8-3　クラーナハ（子）『キリストの真の宗教と、アンチ・キリストの誤った偶像崇拝の違い』

ていることは印象的だ。子供を抱いた女がじっとルターの話に聞き入っている。

　この絵が表しているのは、信仰が一部の聖職者の独占物だった時代が終わり、社会の様々な階層の人たちが信仰に主体的に関わる時代が始まったということだ。市民は喜捨によって都市の教会の家政を支え、騎士は武力でルターの身の安全を守り、詩人はプロテスタントの理想を歌い、画家は教会のためにポスターを描き、木版画を彫った。彼らは自分にできる限りの範囲で、ネットワークを築き連絡を取り合いながら自分たちの信仰共同体に貢献した。そのネットワークの結び目にいたのがルターだった。ワイマール版ルター全集のうち一四巻が『書簡』で占められていることは、彼の活動の大きな部分が人間関係であったことを物語っている[10]。「わたしは毎日、手紙責めにあっている。机も、長椅子も、腰掛けも、聖書台も、窓も、長持も、本棚もどこもかしこも手紙だらけだ」（『書簡』一四三六番 WA 5, 100）。彼は書き続けに書いた。「わたしにはほとんど二人の筆記手と清書屋が必要だ。ほとんど一日中手紙ばかり書いて過ごしている。いったい同じ手紙を何度書いたのかさえ覚えていないほどだ。いいかい。わたしは修道院の説教師で、食卓で説教する。それに加えて毎日町の教会で説教をしてほしいと請われる。わたしは学校長だし、副管区長だし、一一回修道院長だし、ライツカウの司祭だし、トールガウのヘルツベルガーでは法律家だし、パウロについての講義もやっているし、箴言についての資料も集めている。そしてそれに加えて、さっきもいったとおり、手紙を書く作業がわたしの時間の大半を奪っているのだ」（WA 1, 72）。

ここからわかるのは宗教改革家の活動のほとんどが書き、語り、発信することに費やされているということだ。それゆえ彼は自分の肖像が何度複製され、どこへ持ちだされてもそれに不平を言うことなく、それどころかそうした可視化された信仰が民衆のもとでの支持をさらに広げていくことを信じ続けた。彼の主張が一貫性を欠き、個性が矛盾しているように見えるのは、手紙がその宛名人に応じて変幻自在に内容を変えるのと同じなのかもしれない。ルターは、われわれがネットワーク戦略と呼ぶ新たなマーケティング方法を五〇〇年も早く獲得していたのかもしれない。

第九章

ヤーコプ・ベーメ、あるいは吹き飛ぶ門

生活者の眼　幻視者の眼

ここに一七一八年にアムステルダムで印刷された本がある。「高く照らされた神の男にして、ドイツの哲学者ヤーコプ・ベーメの、あらゆる神学的、神智学的、哲学的文書と証言の核心的抜粋」という長い題名がつけられた古書は、ドイツ・バロック時代を生きた神智学者ヤーコプ・ベーメ（一五七五－一六二四）の著作のエッセンスをまとめた書籍である。長年つき合いのあるスイスの古書店の主人にすすめられ、半ば無理矢理購入させられた本をわたしはほとんど読まないまま一〇年以上も放っておいた。そこに書かれた神秘的な奥義は近寄りがたく思えたし、何よりユダヤ神秘主義のカバラや錬金術や占星術の強い影響を受けて書かれた彼の神智学のもつ、悪魔的でヘルメス的な内容に一種の恐怖心をおぼえたからである。ヘーゲルやシェリングやノヴァーリスといった、ドイツ精神史の巨人たちが魅惑された思想家であるということは知っていた。だが

彼らのベーメに与えた「ドイツの哲学者」という呼称は、わたしが思い描く「哲学」とはかけ離れた、冥《くら》い精神の蠢動を意味するように思えたのである。しかしその反面、この古書にはわたしを惹きつけてやまない不思議な魅力があった。それは、三〇〇年前に生きた人々がこの本を慈しんで読んだという痕跡だ。黄土色に変色してはいるが、牛革で丁寧に装丁された本には、読者の便を図るために詳細な目次が手書きで添えられている。その装飾をこらした達者なペン使いは見ていて飽きない。二段組みとはいえ、一八〇〇頁になんなんとする、補遺を含めれば五部からなる抜粋は、ベーメの膨大な著作から抜き出した彼の思想のエッセンスである。この本には、抹香臭いお題目ではなく、真の哲学者の叡知に触れたいという当時の人の熱意と渇望が刷りこまれている。ソフィア（知恵）に無条件で身を委ねてもよいと人が考えた時代が、かつて確かに存在したことをこの本は証している。

扉の銅版画も素敵だ（図9－1）。一見すると普通の楽園図のように見えるが、そこにはベーメ神智学の特別な世界観が織り込まれている。

読者はまず「眼」の直視に貫かれる。ヘルメス的叡知を象徴する天頂の眼は、自己を観照する父なる絶対神である。外側の大輪は「無底。永遠の自由。自然と被造物のそとの神」と名づけられる、描くことのできない圏である。わたしたちが生きる世界はその中の三つの小輪だが、注目すべきは、三つは重なり合い、重層的な構造をとっているということだ。上の輪は伝統的な天使の位階を表しているようだが、よく見ると天使一人一人を見つめる無数の眼があり、これはエゼキエル書にある回転する知恵の車輪を表している。中心の鳩はイエスを象徴する伝統的なイコンだが、不思議なことに水を表す▽の上に羽を広げている。中央の輪にいるのはいうまでもなく楽園のアダムとイヴであるが、彼らの間には火を表す△がおかれ、そこから七つの火花が吹き出ている。これは闇を開き、世界を創造する力を示している。最下位の輪は魑魅魍魎が跋扈する地獄図であるが、よく見ればそこにも火花を放つ△があることがわかる。それどころか得体の知れない怪物たちはその炎に息を吹きかけ、その燃えあがった炎が楽園の樹の根に養分を与えているようにも見える。楽園の炎は地獄の炎と連動しているし、それどころか、二つは上下関係ではなく、重なり合っている。また燃えあがる炎と、イエスの水はどう関係しているのだろうか。天頂の眼が、相反する三角

図 9-1 ベーメの印刷本（アムステルダム 1718 年）の扉絵

の重なりにあるのはなぜなのか。単純な善悪二元論的な聖画とはずいぶん趣を異にするこの扉絵のダイナミズムは、ベーメ神智学が、変転する、寄る辺ない世界へのメッセージであり、同時に新たな神の叡知の告知と救済への希望であることを示している。三〇〇年前の読者はこれに自分たちの現在と未来を重ね合わせたのだ。

ヤーコプ・ベーメの著作を読む人は、まずはおおむね困惑する。そこにわき上がる形象の洪水と、その無限の絡み合いは、この思想家が、現実を遥かに越えたどこか遠いところにある、神的世界を遊歩しているようで、わたしたち凡人はとうていそこに立ち入る資格も能力もないのではないかと思いたくなるからだ。しかしそうであろうか。ベーメを読むうえで忘れてはならないのは、彼が他の神秘家の大半がそうであるような修道僧ではなく、現実にどっぷりつかった生活者だったということだ。

靴職人の親方として大都市に暮らし、やがて行商人として町から町を渡り歩くことで生計を立て、所帯をもち、四人の子の親であった男が超越世界に浸りきって生きていけただろうか。それに彼が生きた時代は三十年戦争のまっただ中であり、生きた場所はボヘミア諸侯とハプスブルク家の力がぶつかり合う危険地帯だったのである。友人への書簡で彼は、皇帝軍についたザクセン選帝侯が故郷ラウジッツに侵攻し、容赦なくバウツェン市を破壊したことを、時系列にそって詳細に報告している。[1] 戦乱で荒廃した国土を憂い、略奪に脅える農民や市民の不安を受けとめ、「正義も真理もほとんど地に墜ち、大きな悲哀と陰鬱が空高く舞い上がっていきます」と訴える男の目は、隠遁者のそれではなく、不条理と蛮行に対する怒り、事実を見透す生活者の目である。乱世を冷徹に読み解く目でベーメは、神秘世界を見透していた。[2] いや、彼の見た神的世界は決して現世の対蹠にあるのではなく、現世に透けて見えるものだったはずだ。善悪が拮抗する神の身体としての自然観や、カバラにも比される有機的世界像や、宗派・宗教の違いを超えたコスモポリタニズムや、恒久平和主義といった、生身の人間の本質を問う思想は、貧困と戦乱を生き延びたものだけが到達しえた境地なのであり、それだからこそ彼の著作は死後もますます多くの読者を見出し、読み継がれ、迫害者から擁護されていったのである。ベーメの著作が現代のわたしたちにはとうてい理解不能に感じられるのは、彼が見て生きた時代の悲惨さをわたしたちが共有していないからだ。信仰を剣に委ね、互いに相手を「異端者」、「狂信者」、「アンチ・キリスト」と罵り、不当に拘束し殺害する世界を知らないからだ。ベーメ神智学の神髄に迫るために、まずわたしたちは彼の生きた時代を知らなければならない。

三十年戦争とベーメ神智学

ドイツの歴史の中でもっとも悲惨な戦争はと聞かれれば、ほとんどの人は第二次世界大戦を挙げるだろう。ドイツのみならずヨーロッパ全土を焼いた燎原の火が国家と文明を滅亡の寸前にまで追い詰めたことは、映像やドキュメントを通して記憶にまだ生々しい。しかし第二次大戦でのドイツ人の犠牲者は約六八〇〇万人であり、これは一九三三年の総人口約六五〇〇万人の一〇パーセントほどに過ぎない。これをはるかに超える規模の戦乱があった。一六一八年から一六四八年まで続いた、いわゆる「三十年戦争」である。これは現在のチェコ、ドイツ、オーストリア、フランス、スペイン、スウェーデン、デンマーク、イギリス等が参戦した事実上の「欧州大戦」だった。死者はドイツだけでも七五〇万人と推定され、それは当時の総人口二一〇〇万人の三分の一に相当する。都市は破壊され占領され、多くの借金を抱え破産した。しかしもっと悲惨だったのは戦争に無防備にさらされる農民たちであった。略奪と暴力と重税にさらされて、彼らは村を捨て、結果農村は荒廃し食糧事情が極端に悪化した。各国の都合で雇われた傭兵は、また各国の都合で解雇され、失業した兵士は野盗となって村や都市を荒らしまわった。歴史家ウェッジウッドは『三十年戦争』で、血も凍るような凄惨な殺害と略奪の様子を報告している[3]。兵士は、酒倉で子供たちを虐殺し、女を二階から投げ落とし、ある主婦を釜で煮た。捕虜たちを銃殺し、市民を閉じ込めて焼き殺し、財産の隠し場所を白状するまで拷問にかけた。街道のいたるところで絞首索に吊された捕虜が風に揺れていた。疫病が蔓延し、飢饉で餓死者が通りに累々と横たわり、聖職者たちは墓穴から屍体を掘り出して食べるものを監視しなければならなかった。

こうした地獄図は、一六三三年にジャック・カロが出版した『戦争の悲惨』の銅版画を思い出させる。カロが見聞きしたのはフランスの光景であるが、そこに描かれた『首吊りの木』や『略奪』は当時全ヨーロッパで日常的に見られた風景なのである（図9－2）。こうした獣性は、「人間とは何か」という根本的問いを作家に突きつけた。戦争終結後二〇年を経て出版されたグリン

図 9-2　ジャック・カロ『戦争の悲惨』

メルスハウゼン作の『阿呆物語（ジンプリチシムス）』（一六六八年）は、三十年戦争の悲惨をもっともよく伝える文学作品である。無知で世知にも疎かった主人公は傭兵たちに襲われ、家族は崩壊する。彼らは家畜を殺して空腹を満たし、金品を強奪し、調度品を破壊し、食料を盗み、男たちを拷問し、女たちを強姦した。自身も兵士となり、暴力の加害者となった愚かな主人公は、戦争の現実をつぶさに報告する。それは、「ドイツの戦争でどういう恐ろしい前代未聞の残酷な行為がたびたび行われたかを、愛する後世の人々に書き残すことが必要である」という義務感からである。

もちろん戦争が終わっても惨状は変わらなかった。ウェストファリア条約によって終結したこの戦争の爪痕は深く、参戦したすべての国で、道徳的・経済的・社会的低落が生じた。欧州全土に君臨していたハプスブルク家は、アルザスをフランスに、西ポンメルンをスウェーデンに割譲し地方国家になり、ライン、エルベ、オーデル、ヴィストラ川の北海への出口をすべて外国に押さえられ、海をもたない内陸国は主導的商業国家の地位を失った。ドイツを敵国に売り渡したハプスブルク家への反感は、北のブランデンブルクやプロイセンに独自の道を歩ませ、それはドイツ全土に統一不能な三百もの領邦国家を二百年以上にわたって乱立させることになった。

「ベーメは戦争という大劇場の舞台中央に生きた」とベーメ研究者のウィークスは言う。それはこの神秘家が隠遁生活の中で自己の神秘観をつくり上げたのではなく、まさに混乱と野蛮と不条理の日常に直面して、それらに自身の神智学的世界観で応えようとしたということである。彼は戦争について特別に一章を割いたことはないが、政治的混乱を憂慮していたことは書簡のあちこちにうかがうことができる。そしてその憂慮が現実世界への強烈な「否！」となって彼の著作に流れていることは疑いない。

ベーメが暮らしたゲルリッツ（Görlitz）は、現在のポーランドとチェコ共和国に国境を接するオーバーラウジッツ（Oberlausitz）地方にある。宗教改革の強い影響を受けたこの地域は一七世紀にはルター派に属していたが、政治的には旧教側の盟主ハプスブルク家の支配するボヘミア王国の北部に位置していた。さらにプロテスタント側もルター派とカルヴァン派の激しい内部対立を抱え、ラウジッツ地方はカルヴァン派が実権を握るプロテスタント同盟に所属してはいたが、摩擦は絶えず、カルヴァンを信じる一派はプファルツ選帝侯に、ルター派はザクセン選帝侯に援助を仰いでいた。そこにハプスブルク家の反宗教改革的思惑が入り込み、事情はもっと複雑になる。

たとえば、ベーメが『黎明』を発表した一六一二年は、ハプスブルク家出身の第一〇代神聖ローマ帝国皇帝ルードルフ二世が没し、息子のマティアスが即位した年である。新王は、ボヘミア領内で無視できなくなった新教の勢力と旧教を調停しようとする。しかしその宥和政策を真っ向から否定する従兄弟フェルディナンドが彼に代わって一六一七年ボヘミア王に就くと、雪解けムードは一気に後退する。新王には、ボヘミアのプロテスタント化をどうしても容認できない理由があった。それは帝国の皇帝選びと関わりがある。皇帝は七人の選帝侯から選挙で選ばれたが、宗教改革以降三人の選帝侯はカトリックで、ザクセン、プファルツ、ブランデンブルクの三選帝侯はプロテスタントであった。つまりこの時点では三対三の互角で、最後の鍵をにぎるボヘミア選帝侯は伝統的にハプスブルク家から選ばれることになっていた。それゆえプロテスタント系ボヘミア諸侯の発言権が増大することは、ハプスブルク家の存亡に関わる重大事だった[4]。一六一八年、弾圧に不満を募らせたプラハの新教徒が城に乱入し、フェルディナンドの王室顧問官二名と官吏一名を窓から突き落とす事件が起こった。翌年ボヘミア諸侯たちはフェルディナンドをボヘミア王から退位させ、代わりにプファルツ選帝侯フリードリヒ五世を選出した。これによってハプスブルク家とボヘミア諸侯の対立は決定的となり、三十年戦争へと突入していく。

教会から厳しい戒告を受けて著作活動を自粛していたベーメの創作意欲が再燃した第二期（一六一九年以降）は、この戦争の勃発と呼応している。それは彼の啓示が、一個人の照明にとどまらず、社会的なメッセージを含んでいることを示している。まさにこの時期に彼の著作が故郷のラウジッツから、隣接するシレジアやザクセン地方へと広まり、法律家から役人や医者や領主といった知識階級に読まれ、オランダやイギリスにまで翻訳されて伝わったという事実は、それが乱世に生きる人々の心を鷲掴みにする何かをもっていたということを示している。[5]

友人に宛てた書簡から、ベーメが新王フリードリヒ五世のプラハ入城を見物したことがわかっている。カルヴァン派に懐疑的なベーメがなぜはるばるプラハまで出かけていったかは不明だが、当時靴屋を廃業して行商で生計を立てていた彼にとって、何週間にもわたる王の即位式典は格好の稼ぎ時だったのかもしれない。とはいえ彼は信念を売ることはしない。プラハ市民の熱狂を横目に見ながら、これが戦火に油を注ぐのではないかと懸念し、「ハイデルベルクの王こそが真のドイツ皇帝になるべき」と記している（一六一九年一一月一四日付書簡）。[6] そして懸念は現実となる。戦略家としての才能も、戦費を調達する人脈も何もない、新王フリードリヒは狡知に長けた皇帝軍にヴァイセンベルクの戦いで敗れ、這々《ほうほう》の体でプラハから逃亡し、町は旧教軍に好きなだけ略奪された。たった一年のプロテスタント支配が終わり、ボヘミアの政局は再び混沌の中に突き落とされる。混乱に一層拍車をかけたのは、カルヴァン派のフリードリヒと反目していた、ルター派のザクセン選帝侯ヨハン・ゲオルクである。彼は新教国王であるにもかかわらず旧教側につき、皇帝の命を受けてラウジッツに侵攻し、都市バウツェンを破壊し占領した。頼りにしていたザクセン候の裏切りにベーメは怒りを隠さない。「アンチ・キリスト教団のお腹に仕える召使いや、裏切り者が多すぎます。でもそうした連中の破滅には、一本の箒があれば十分です。それがみんな掃き清めてくれます。獣と娼婦の町バベルも劫火に焼かれました。至福になりたいといま思う人は、忍耐のベルトをしっかり締めましょう。[7]」ヨハン・ゲオルクは三十年戦争史でも無節操な人物として描かれることが多かったが、しかしボヘミアの将来を考えた、現実感覚の持ち主であったというのが近年の歴史家の評価である。[8]

スペイン王でもあったフェルディナンドと矛を交えれば、ボヘミアがスペイン軍に蹂躙されることは間違いない。ヨハン・ゲオルクは表面上はカトリック側につき、自軍でラウジッツやシレジアに出兵することで、この危険を回避したのである。ベーメに現実感覚があったことは、彼がこの事情をすぐにのみ込んだことからもわかる。一六二三年ラウジッツ地方が皇帝から選帝侯ゲオルクに正式に譲渡されると、彼はザクセンによる支配を容認するようになる。ザクセン領内でイギリスとスウェーデンが兵士を募集しているという噂を聞き、「北方の闇夜からの破壊者」が間近に迫っているのを予感し、それに加えて新教側の救世主ベトレン・ガーボルと皇帝が和平協定を結ぶ可能性が遠のいたことを知り、ベーメは、新教国ザクセンの庇護のもとに入らなければ故郷がより大きい災禍に見舞われることを理解したのである。[9]

このように彼の書簡からは、神智家と呼ばれるベーメが、実は優れた現実感覚と観察眼の持ち主であったことが読み取れる。戦争について言及することは多くはないが、著作に現れる、兵士による略奪、小競り合い、農作物の奪取、ゲルリッツに駐屯した兵士の狼藉についての記述には、実見したものだけが書ける具体性と臨場感がある。このことは彼の思想形成に決定的な影響を与えたはずである。彼の神智学ではすべてのものが激しい対立の中にあるが、それが世界の存在根拠であり、その対立の中にこそ神の身体が見いだせるという考えは、彼が生きた三十年戦争の混乱と、自説をめぐって生じた既存教会との対立に由来するのであろう。

ベーメの生涯と思想

ヤーコプ・ベーメは一五七五年、ゲルリッツの南方にある小村アルト・ザイデンベルク（現ポーランド領スタリ・ザビドゥフ）に生まれた。五人兄弟の四番目だった。一家はこの土地に長く住む自作農で、ある程度の土地も所有していた。両親はヤーコプを小学校まで通わせたが、華奢で体力がない息子には百姓仕事は無理とみて、一四歳になった彼を靴職人にするためにザイデンベルクの親方に預けることにする。通常、徒弟奉公は三年続き、そのあと見習い職人は親方から親方を訪ね歩いて、遍歴しながら腕を磨くことになる。青年ベーメもおそらくシレジア地方やボヘミア地方を旅したことだろう。一五九九年四月二四日に二四歳になったベーメは、オーバーラウジッツ地方の大都市ゲルリッツで親方として登録され、正式にここで靴職人として家業を営みはじめるのである。同年に彼は市民の娘カタリーナと結婚し、四人の子供をもうけ、商才もあったようで家業も繁盛した。

ベーメが亡くなる二年前に知遇を得たアブラハム・フォン・フランケンベルク（一五九三―一六五二）は、神秘家の肉声を直接書き留めることのできた貴重な証言者である。彼はベーメの風貌を次のように描写している。「彼の外見は血色が悪く、見栄えがせず、小柄で、額はせまく、こめかみは張っていて、鼻は少し曲がっていた。眼は灰色でほとんど蒼天のように、あるいはソロモン宮の窓のようにきらきら光を放っていた。細長い髭、ぼそぼそした話し声だが、その内容は魅力的で、物腰は穏やかで、言葉遣いには節度があり、態度は控えめで、辛抱強く、穏やかな心の持ち主だった[10]。」若いベーメもおそらくはこれとほとんど変わらない、見栄えのしない一介の靴職人だったのであろう。しかし一六〇〇年二五歳となった彼は、人生をまったく変える特別な体験をする。「決定的な一五分」と呼ばれる出来事が彼をドイツ・バロック時代における最も重要な哲学者へと変えたのである。

ベーメは人生の節目節目に不思議な体験を重ねている。先のフランケンベルクに晩年そのいくつかを語っているので、まず二つ紹介しよう。いずれも少年の頃の体験である。最初のものは、彼が両親の家で羊飼いの手伝いをしていた頃のことである。「彼（ベーメ）はある日の昼頃、他の牧童と別れて、そこからほど近いランデスクローネ山に一人で登っていった。ほとんど頂上付近で――その場所がどこか示して、この話をしてくれたのだが――、大きな赤い岩が積み重なって、まるで扉のように隠れた場所があり、そこに入り口があるのを見つけた。たいした考えもなくそこに入っていくと、中に黄金がぎっしり詰まった大樽があった。急に恐怖に襲われて、彼は何も取らずに、そこから一目散に走り出た。そののち他の牧童を連れて何度もその場所に登ってみたが、そんな入り口は二度と見つからなかった。[11]」

また親方に弟子入りしてからも奇妙な体験をしている。

「見慣れない、身なりは粗末だが、洗練されて威厳のある男が店にやってきた。彼は靴を売ってくれないかと頼んだ。親方もおかみさんも出かけていたので、ベーメは見習い職人の身なので売り買いはできないと拒んだが、男はどうしてもと譲らなかった。そこで、買う気をなくさせようと、正価をはるかに越えたべらぼうな値段をふっかけると、その男は何もたずねずに即座に代金を渡して、靴を受けとり、立ち去った。店から少し行ったところで、男は立ち止まり、大きな声でものものしく、ヤーコプよ、出ておいで、と彼を呼んだ。ベーメは見知らない男に自分の洗礼名を呼ばれたので気が動転してしまったが、はっと我にもどって立ち上がり、通りにいる男のところへ行った。きらきら輝く目をした男は、真剣だが優しい眼差しで彼を見て、右手をにぎって、のぞき込むように彼の目を見てこう言った。ヤーコプよ、おまえはまだ幼いが、大きくなったら、世界中の人が驚くようなまったくちがった人間になる。[…]とりわけ聖書をよく読みなさい。おまえはやがて迫害を受け、かずかずの困難と窮乏に出会うが、聖書に慰めと導きをみつけなさい。」[12]

南原も指摘するように、この体験はベーメのその後の信仰生活を先取りしている。山頂の洞窟での出来事は、孤高の自己登攀を経て、隠された叡知に辿りつくことを示しているだろうし、宇宙の秘密を極めたいという、彼の「自然」への関心の現れでもあろう。また、見知らぬ男のエピソードは、平凡な靴職人としての人生がやがて終わりを告げ、終末に生きる預言者としての進むべき道が示されることを暗示している。しかし「世界中の人が驚くような」道とは決して栄光の道ではなく、迫害に堪えてすすむ茨の道であった。その道に彼を決定的に進ませることになったのが先の二五歳の「決定的な一五分」である。

体験がどのようなものであったかについて、わたしたちが知るのはわずかだ。確かなことは彼がこの時期、自分が神の創造した世界と何のつながりももたず、うち捨てられたような気がして、深いメランコリーと憂鬱におちいっていたことである。いつものように彼は工房に座り、見るともなく錫の器を見つめていると突然、神の光が彼を襲った。「神が聖霊を遣わしてわたしを照らした。わたしが彼の意志を知り、憂鬱から解き放たれるように。わたしの霊は爆発した」（『黎明』第一九章一〇節[14]）。光は精神の最内奥に、秘めた自然の中心に彼を引き入れた。「この光のなかでわたしの霊はすべてを見透した。すべての被造物に、草にも花にも神を見て、誰で、どんな様子で、何を思われているのかがわかった」（同一三節）。その心に映じている光景はにわかに信じがたいものだった。まさかただの幻ではと疑った彼は、ナイセ門のところにあった自宅から出て、開けた方に歩いてみた。しかしそのヴィジョンは消えるどころか、ますます明るさを増し、現れた徴《しるし》は彼に心の中と最内奥の自然を見せてくれた。しかしこの日の照明体験について、彼は誰にも話すことはなかった。それ以後もいつもと変わらず彼は表向きはただ黙々と神を讃えて、家業と子供の世話に励んだ。しかしこの日以来、彼の内面世界はまったく変わっていた。「徴」が彼の心から消えることがなかったからである。ウィリアム・ジェイムズが『宗教的経験の諸相』の中でいうように、神秘的体験の特徴の一つが「非持続性」であるとすれば、ベーメの錫の器の体験が長く持続し、それがその後もずっと消えなかったというのは驚くべきことである。

彼を照らした光がどのようなものであったのかを、彼自身は書くことも語ることもできないとしているので知るよしもないが、南原はそれが概念語からベーメが解放されて、新たなシンボルの言語を獲得した体験であったとしている。

わたしたちはものを考え、世界を知覚しようとすると、無意識のうちにそれらを言葉に変換している。たとえば卵を手にとるとき、いきなりそれを鷲づかみにする人はいない。割らないような、しかしつかんで落とさないような微妙な力加減は、わたしたちの手が、「タマゴ」という言葉の分類箱にしまってある卵の特性を無意識のうちに拾いだしていることを示している。すべてのものをいちいち最初から名づけて理解しなければならないとすると、大変な苦労だし、世界は危なっかしいものだらけになってしまうだろう。(もしわたしたちがタマゴとそうでないものの区別を失って、すべてのものが卵の殻のように脆いかもしれないという思いにとらわれたら、怖くて町を歩けなくなる。）言葉はわたしたちを安心できる世界に落ち着けてくれる便利な道具だが、しかしその反面、言語化されて「既知のもの」となった世界は面白味が半減した世界である。卵に感動する人はいないが、誰でも最初に卵を割ったときの緊張は忘れないだろう。殻が割れた瞬間、卵はただの対象ではなく（つまりタマゴという概念を離れ）、一瞬わたしはその割れた卵の一部になる。外から言葉を使って客体を見ていた主観が言葉を失って、その客体のなかから見ることのできた瞬間である。黄身のトロリとした弾力と白身の生々しい冷たさはただの物体ではなく、わたしの体の一部であるように思える。

南原は言う。「ベーメの直観――それは、世界と自分とがひとつにつながっていることを明らかにしたのだ。世界があり、ものがあって、それに人間が名前をつけるのではない。また、ことばがあり、それを学習して、その意味するモノを知るのではない。シンボルの背後に、意味を求める必要はない。言葉は、モノ、対象、概念、意味から自由にならなければならない。シンボルそのままが世界。ことばすることが、そのまま世界の誕生。これこそ堕落を知らなかった完全な人間アダムのことばにほかならず、そしてまた終末の時代にあらわれるべき救いのことばにほかならない」（南原、四六頁）。「ことばする」とは世界をシンボルのまま止め置き、意味を付与しないということだ。そのとき世界は、割れた卵のように新鮮で驚きに満ちた、わたしの一部になる。

ベーメの神秘的著述家としてのキャリアはこの一五分の体験で始まったのだが、彼はこの言葉にならない「徴」をどう表現するかに七転八倒する。二つの道がある。一つは言葉にならないものは言葉にできないとして、世界を観想的に見わたすだけの静観神秘主義の道。只管打坐《しかんたざ》を謳う日本の禅宗のような宗教形態である。もう一つは、言葉を越える言葉を探す思弁神秘思想の道。キリスト教神秘思想がこれにあたるが、ベーメはこの道を歩む。そもそも神秘的体験が、現実生活を超越する出来事を伝えるだけなら、体験する意味がない。美しいものを見たときに、感嘆の声をあげ、それを誰かに伝えて感動を共有したいという感情が湧くのは、美しいものが本来メッセージ性をもっているからである。そのメッセージとは、「生きることには意味がある」という内奥からの魂の叫びである。

デカルトの覚醒

戦争という極限状態はよくも悪しくも、人に真の自己を目覚めさせてくれる。ベーメと同時代を生きたデカルトにも「オリンピカ」と呼ばれる不思議な三つの夢体験がある。[15]

一六一九年冬、彼は南ドイツのウルム近郊のノイブルクという町に兵士として、駐留していた。その頃、彼は「イカナル人生ノ道ヲ歩ムベキカ」という深刻な問題に取り憑かれていた。冬営地の宿舎の暖炉部屋で「心ゆくまで思索にふけって」いたデカルトは、その後の人生航路を決定する確信を得る。それは『方法序説』の中に次のように記されている。時とともに発展して大きくなっていった町は、何百年にもわたって建て替えや建て増しを繰り返していくので、町のつくりは不揃いで統一性がない。それに比べて、一人の技師が描いた設計図通りに建設していった城塞都市は、規則正しくつくられている。このことは家屋にも、法律にも、宗教にも同じように当てはまる。「わたしがその時までに受け入れ信じてきた諸見解すべてにたいしては、自分の信念から一度きっぱりと取り除いてみることが最善だ、と。［…］古い基礎の上だけに建設し、若いころに信じ込まされた諸原理にだけ、それが真かどうか吟味もせずに依拠するより、このやり方によって、はるかによく自分の生を導いていくことに成功すると堅く信じた」（谷川訳、二三頁）[16]。

彼はそれまで習いおぼえた古い学問をすべて疑ってみて、理にそわなければそれを破棄し、新しい科学の建物を建て直そうと決意し、そのために自らに四つの「格率」を課した。その第二のものは次のようなものである。「わたしの第二の格率は、自分の行動において、できるかぎり確固として果断であり、どんなに疑わしい意見でも、一度それに決めた以上は、きわめて確実な意見であるときに劣らず、一貫して従うことだった。この点でわたしは、どこかの森のなかで道に迷った旅人にならった。旅人は、あちらに行き、こちらに行きして、ぐるぐるさまよい歩いてはならないし、まして一カ所にとどまっていてもいけない。いつも同じ方角に向かってできるだけまっすぐ歩き、たとえ最初おそらくただの偶然にこの方角を選ぼうと決めたとしても、たいした理由もなしにその方向を変えてはならない。というのは、このやり方で、望むところへ正確には行き着かなくても、とにかく最後にはどこかに行き着くだろうし、そのほうが森の中にいるよりはたぶんましだろうからだ」（谷川訳、三六頁以下）。

このような確固とした確信を、二〇代半ばのデカルトはノイブルクの暖炉部屋で得た。しかしその目覚めのきっかけとなったのが「コギト」ではなく奇妙な夢だったことに、彼は意図的に口をつぐんだ。彼にそうさせたのは、哲学者としてのプライドだったのだろうか。事実、この夢はデカルト研究者にとって大きな躓きの石となった。人間存在の基礎に理性と思索を見た合理主義者の第一歩が「夢」というのでは話にならないからである。しかしそれは遺稿の中から発見された「羊皮紙製のノート」に確かに書き留められていた。このノートはその後行方不明になってしまったが、デカルトの伝記作者であるアドリアン・バイエが読んでおり、また哲学者のライプニッツも筆写していることから確実に存在した貴重な資料である。

その夢をデカルトは一六一九年一一月一〇日の夜に見た。最初の夢では、彼は知らない通りを歩いている。突然彼の前に現れた幽霊に仰天し、逃げようとするが、体の左右のバランスが悪くうまく歩けない。体ごと落ちているような錯覚のなか、ある学校に逃げ込むことができる。学校の教会で祈ろうとしていると、どこかで見覚えのある男とすれ違う。デカルトは引き返してその男に挨拶をしようとするが、教会に吹いてくる強い風のせいで前に進むことができない。そのとき誰かが学校の中庭で彼の名を呼んで、「ぼくたちの友人の一人にあるものを届けてくれないか」というのを聞く。デカルトはそれが異国からきたメロンのことだとわかった。彼は先を行くが、他の誰もがしっかりとした足取りで歩いて行くのに、彼だけはよろけている。目が覚めたときデカルトはやりきれない気持ちに襲われる。二時間ほど悶々として床につくと、彼は再び夢を見た。それは雷鳴が轟き、部屋の中に稲妻が走る夢だった。それに続く三つ目の夢では、机の上に辞書が載っている。その横に詞華集があるのをみつけ、開いてみると、「ワレ人生ニ於イテイカナル道ヲ選ブベキカ」という一節をみつける。すると見知らぬ男が現れ、デカルトに「何ガアルカ、何ガナイカ」で始まる素晴らしい詩歌があると言う。デカルトは、「それはこの本にあるのです」と言って、詞華集をめくってみるが、見つからない。辞書を見ると、いくつかの頁が消えていることに気づいた。すると男も本も消えてしまう。これがオリンピカと呼ばれるデカルトの夢である。

旧弊に縛られた思考を捨てて、知の新しいあり方を探ったデカルトに『方法序説』を書かせた決定的体験が、この神秘的な夢であったということは大変興味深い。冬の暖炉部屋で思索にふけっていたデカルトも、工房で錫の器を凝視していたベーメも、突然訪れた神秘と合理の隘路をつなぐ体験をして初めて、「イカナル人生ノ道ヲ選ブベキカ」という問いに答えることができたといえよう。そのためにデカルトが『方法序説』を書いたように、ベーメは『黎明』を書く。しかしその体験をデカルトもベーメも著作に記さなかった。

神秘的な体験は啓示のようにある日突然訪れるものであるが、その日を迎えるためには懐疑と絶望にさいなまれた長い準備期間が必要である。二人の哲学者をさいなんだのは、奇しくも同じ懐疑であった。

デカルトは「ヨーロッパでもっとも有名な学校の一つ」、ラ・フレーシュ学院で学ぶ秀才であった。幼い頃から書物に親しみ、勉強すれば人生に役立つすべてのことについて明晰な知識が与えられると信じて日々努力し、学院でも優秀な成績を修め全課程を終えた。しかしそこから彼が得たものは、「多くの疑いと誤りに悩まされている自分」と、「勉学に努めながらもますます自分の無知を知らされたという以外、何も得るところがなかった」という失望だけであった（谷川訳、一一頁以下）。その原因を彼は「文字による学問」であるとする。彼はラテン語もギリシア語も熱心に学び、それによって古典の文学作品に親しみ、古代人の最上の思想に堪能し、歴史書を読んで感動し、詩に聞き惚れ、数学の精緻さに感嘆し、習俗を論じた書物によって徳を養い、神学によって天国への道を学び、このほかにも哲学、法学、医学を修め、それどころか錬金術や占星術の書物も読破していた。しかし不断の努力の結果彼が到達したのは、そうした学問はただの文字に過ぎないということである。彼は別の道を探す。

「わたしは教師たちへの従属から解放されるとすぐに、文字による学問をまったく放棄してしまった。そしてこれからは、わたし自身のうちに、あるいは世界という大きな書物のうちに見つかるかもしれない学問だけを探究しようと決心し、青春の残りをつかって次のことをした。旅をし、あちこちの宮廷や軍隊を見、気質や身分の異なるさまざまな人たちと交わり、さまざまな経験を積み、運命の巡り合わせる機会をとらえて自分に試練を課し、いたるところで目の前に現れる事柄について反省を加え、そこから何らかの利点を引き出すことだ」（谷川訳、一七頁）。それが一六一九年彼が兵士として南独のノイブルクにいた理由である。彼は文字を捨て、大いなる自己と大いなる世界を肌で感じる体験を求めて、旅に出た。しかし彼が見た世界とは決して美しいものではなかったはずだ。この年プファルツ選帝侯フリードリヒ五世がボヘミア王となってプラハに入城し、時代は三十年戦争に一気に突入していったからである。戦場で人生の意味を考えるとは、彼にとってまさに乾坤一擲の大勝負だったのだ。

科学と神智学

一八三八年三月に南仏を旅したスタンダールは、トゥールーズにも足を伸ばしたが、その町の醜悪さと住民の不作法ぶりに辟易しながらも、サン＝セルナン大聖堂と美術館だけは褒めちぎる。美術館での収穫は、青年デカルトの肖像画を見たことであった。それはルーヴルにある、わたしたちが知っている、あの口髭をたくわえた、幅広の白襟の肖像画ではなく、まだ幼さの残る美少年の素顔だ。スタンダールは書く。「愚かでもお人好しでもまったくなく、まして昇進が目的で(あるいはアカデミーに入るために)偽善を働きそうもない、懐疑し、またこの不安に満ちた懐疑のせいで、やつれて夢見る(songeur)目つきをした男の姿である。[17]」確かにルーヴルのデカルトが、どこか遠くを見ている(一説によると彼は斜視だった)のに比べ、トゥールーズの若者は、まるでその先に他者の視線があることを忘れたかのように、画家を見つめている。この眼にスタンダールは、この世の栄達を忘れ、ひたすら自己と格闘し、懐疑に疲れた「夢想家」の資質を認めた。

デカルトが失望した学問の世界に、ベーメも同様に疑問をいだいていた。錫の器の体験をきっかけに、彼は自らが見た世界の神秘を秘かに書き残しはじめるが、それは当時の科学が提示する世界像とはまったく違ったものだった。ガリレオ・ガリレイの章でも述べることになるが、一七世紀は発見の世紀であり、旧態然とした知識が破棄され、新しい学問が生まれた時代である。世界が、これまで信じられていたものとはまったく別の構造をもっているかもしれないという予感を、一介の靴職人であるベーメも敏感に感じ取っていた。それは処女作となる『黎明』の第一の執筆の動機であった。彼は、「道理に通じた」学者の「死せる理性」に対してはっきり「否！」を突きつける。

デカルトが失望した学問の世界に、ベーメも失望した。さらに錫の器の体験は、世界がまったく別の構造をもっているという確信を彼に与えていた。しかしその予感も確信も彼に即座に筆をとらせることはなかった。「純朴な素人」である自分に、「彼ら（自然の霊）の高い術について何を教え、あるいは書くこと」ができるか自信がなかったからである。しかしその一方、霊の語りかけに逆らって、神秘の扉をいつまでも閉ざしたままにしておいていいのかという葛藤にもさいなまれる。だがある時彼は気づく。「わたしは扉ではなくして、そのありふれた閂なのだ。霊がわたしを引き抜いて火のなかに投げ込めば、わたしはそれに抗うことができようか。もしわたしが役立たずの閂のままで、引き抜かれず、霊を閉じ込めたままにしている方がよいと思ったなら、霊はわたしに腹を立て、取り払って火にくべて、別のもっと役に立つ、思い通りになる閂につけ替えるだろう。そうするとわたしは、それまでは立派な扉で堂々としていたのに、打ち捨てられて足蹴にされ、はては薪くらいにしか使われなくなる。よいか。あなたに奥義を伝える。扉が蝶番が張り裂けんばかりになれば、どんなにしっかり打ちつけられていた閂でも役に立たず、はじけ飛び、もはや誰にも閉じることができず、開いた扉から四方の風が自由に出入りすることになるのだ」（『黎明』第二二章二〇－二二）。一二年の時をおいて、ベーメははじけ飛び、真理を語りはじめた。

コペルニクスやケプラーやガリレオの発見によって芽生えた宇宙への関心は、ベーメのコスモロジーにも少なからず影響を与えている。しかし彼は天文学者のように空を見上げない。「学識あり経験豊かな星辰学の学匠がたは、その理知においてきわめて高く、また深く到達しており、彼らは星々の運行や作用を知り、それらの合朔やもろもろの力の影響や発現が何を意味し、何をもたらすかを知っている。［…］これは確かに正しい基盤であり、私は霊においてこれをその通りであると認識している。けれども彼らの認識は、ただ死の家において、外面的な把握可能性と身体の目による観察のうちにのみ立っている。彼らにとってこの樹の根基はこれまで隠されたままである」（二五章一－四節）。学者の知恵は星や天候の記述にすぎないが、ベーメのいう認識は、星々の根源にある力の中心に入って、霊の活動を観察することである。「ところが星々は一般的に、神の驚くべき均整もしくは変化である。というのも、神が星々を創ったとき、神はこれらを無限性の上昇から、すなわち古き、すでに点火された神の身体から創ったからである」（同二三節）。

後に述べるように、ベーメは宇宙の起源に神の怒りがあると考える。それは一種のエネルギーの爆発であるが、それが生命となるためには愛へと変化しなければならない。神は怒りと愛の間に天空をつくって二つを分けたが、愛は命を産むために、怒りの闇の中を突き進み、やがて熱を帯びる。それは女の陣痛のようなもので、やがて太陽となって燃えあがる。太陽の最初の回転によって燃えさかる炎は飛び散って、まず火星を産む。こうして怒りと愛の境界線上に星々が誕生していった。それゆえ星々は太陽同様、神の「点火された身体」である。荒唐無稽な宇宙観にみえるが、惑星が現代の占星術のように怒りや平和といった特性を有すると考えるためには、必要な説明である。そしてこれこそ、学問研究では到達できない、「生命の言葉」であり、それをベーメは、「この世界の新たな身体の誕生のただなかで、霊の認識において受けとった」（同五四節）のである。

天体だけではない、ベーメは医学が人間を解明できると考えることにも反論する。解剖学者たちは、「人体解剖によって人間の生命の起源と現出を知ろうとし、こうして神と自然の法と掟に反して多くの罪なき人間たちを殺害してきた。［…］それでも彼らは、彼らの誇り高い慢心と悪魔のような殺害欲のような楽しみが彼らをそこに到らせたのでなかったならば、驚くべき人間の誕生をもっと詳しく、またもっと確かに知ることができたことであろう」（第二六章四一－四三）。これに対してベーメは人間の誕生を神の認識において探求しようとする。それは彼が、「人間の肉は神の身体における自然」であると考えるからであり、また、「その自然は他の六つの根源＝霊から産み出され、逆にまたそのうちでそれら根源＝霊が産まれ」るといったように、霊的な影響をつねに受け、与えるものだからである。

　またベーメの批判は法律家にも向かう。「この世の道理に通じた法律家たちよ、もしあなた方が鏡のように明るく輝く神の顔《かんばせ》の前に立たず、そこに自分を映して見ないのであれば、道理ばかりが育つ、日の当たらない渋い畑に神の誕生を植えつけることになる。厳しく恐ろしい神が生まれれば、あなた方は道理と理知が生まれた（と考える）。だが、悪魔ではなく、神でいたいと思うのならば、あなた方は聖なるやさしい神の正義に仕えるべきだ」（第二三章七五－七六）。確かにベーメも、宇宙の起源に神の怒りがあることは認めるが、それが生命を生むためには神の三位一体の優しさがなければならない。「（神の）霊たちは、まるで子供が大喜びで自分の遊びに熱中し、じゃれ合い、むつみ合うように、愛らしく戯れ合う」（同七八節）ことによって生命は誕生する。命が「心地よい歌声か弦楽」のように「輪舞」のなかから立ち上ったことを忘れ、ただ始原の怒りのみから正義を論じる法律家は、「神を見失った悪魔」なのだ。

　このようにベーメは、「世界中のすべての学者が求めてきたが、見つけることのできなかった扉」を見つけたのである。それは世界が、そして人間がいかにあるかではなく、なぜあるのかを見せてくれる扉である。もちろんどんな神学者も哲学者も医者も法律家もこの扉を開けたものはいない。ベーメがいかに遜《へりくだ》って彼らを立てるふりをしても、『黎明』は学者たちの非難の的となる。「肉の子らが私を嘲笑し、おまえは自分の職業を頼りとして、こうしたことどもにはかかずらうべきではない、と言う。それよりもむしろ、おまえとおまえの家族の腹を充たすことにより熱心に従事すべきであって、哲学をするのは、それを学び、それに使命づけられている人々に任せておけばよいのだと、こう言われているのを私は知っている」（第二五章五節）。彼らは言う、「おまえはわれわれよりもっと深い知恵を探して、神の秘所に登ろうとしている。だがそれは人間に許されることではないのだ。われわれは人の知恵だけを探している。それに対して、おまえは神に等しいものとなり、神だけではなく、すべてのものについて、天国と地獄や、悪魔や天使や人間について知ろうとしている」と（第二三章八三節）。とりわけ彼を執拗に攻撃したのが、ゲルリッツの主席牧師グレゴール・リヒターである。

『黎明』の完成と闘いの始まり

錫の器の体験のあとベーメはそれをすぐに書き取る術を知らなかった。彼には哲学の基礎知識も、聖書解釈の技術もなかったからである。しかしこの一〇年後に再びこの光を見たことで、彼は自分の世界観を書き留めようと決意する。こうして最初の照明から一二年が過ぎた一六一二年二月から聖霊降臨祭の間に彼は最初の著作を完成させる。『明け初《そ》める東天の紅。哲学と占星学と神学の根基にして原母。あるいは自然の書。すべてがいかにして在り、原初に成ったか』と名づけられた書は、あくまで個人の覚え書きで、公開を前提として書かれたものではなく、友人たちが回覧して読んでいたが、その一人カール・エンダー・フォン・ゼルヒャが無断で写しをとったことから一気に世に広まった。

当時ベーメの周りには、ゲルリッツの主席牧師マルティン・モラーのもとに知的なサークルがあり、ベーメはここに集う人々と親交をもっていた。彼らは、一七世紀に設立された秘密結社「薔薇十字団」にも関係がある、ヘルメス学に関心をもつ知識人たちであるが、ゼルヒャもその一人であった。しかしカルヴァン派のモラーが職を退き、後任にルター派のリヒターがゲルリッツに来ると、ベーメを取りまく環境は一変する。自分の教区内で怪しげな著作を記している男の存在に主席牧師は激怒する。人間の霊的刷新を掲げる行動的でラディカルなカルヴァン派に比べ、ルター派はドグマを重んじる保守派である。リヒターには、何の教養もない一介の靴職人が聖書の奥義を説き、それに町の知識人たちが心酔している状況は許しがたいものだった。一六一三年七月二六日ベーメは市庁舎に召喚され、尋問を受け、一時的だが収監され、執筆を禁じる命令を受けた。リヒターは説教のなかでベーメを「偽の預言者」と名指しで批判した。凡庸な教会管理者には、神の霊の横溢を体中に感じる神秘家の苦しみなど察する術もなかっただろう。執筆を禁じられたベーメは、神と司牧との板挟みになり、言いしれぬ不安に陥る。「〔…〕計画を中断しようと決心したとき、天上の門はわたしの認識のなかで閉ざされ、閂がかけられてしまいました。するとわたしの魂は、まるで悪魔にさらわれたかのようにおびえはじめました。理性はひどく打ちのめされ、肉体ももう朽ちるかと思うほどでした」（『黎明』第二五章六－七節、拙訳）。世界の原理を探求する旅を放棄することは、彼には精神の崩壊を意味した。

ベーメはこのときすでに製靴台を売却し靴屋を廃業して、行商で身を立てていた。教会から異端者呼ばわりされることで、町ではずいぶん生きづらくなっていたことだろう。後年再度市議会に呼び出され、戒告を受けたときの市民の嫌がらせをベーメは次のように報告している。「そうしてわたしは家路につくため市庁舎を出ましたが、市庁舎の入口前の外部屋に何人かの素行の悪いふだつきがたむろしていました。主席牧師の一味で、彼にいわれて集まっていたに違いありません。連中はわたしを愚弄し、そのうちの一人で無礼な若者がわたしをつむじからかかとまでじろじろ見わたし、わたしの衣服や体をじろじろ見わたし、神の霊に激しく襲いかかり、愚弄し、あげくは、〈聖霊も堕ちたものだ。毛皮職人の毛皮のシミとなりはてるとは〉とまで言いました」[18]。こうしたいじめは常態化していたにちがいない。それゆえゲルリッツを出て、ラウジッツ地方だけではなく、シレジアやボヘミアへと旅してまわることは、不愉快な誹謗中傷から逃れるよい手段だったのかもしれない。またこの行商の旅は彼の神秘思想を広める格好の機会ともなった。彼の神智学はシレジアに多くの信奉者をみつけていく。

これにはシレジア人のプロテスタントへの帰依が大きく関係している。ウェーバーの宗教社会学をもちだすまでもなく、伝統的典礼に強いこだわりをもつカトリックに比べ、現代ではプロテスタントの方がより実用的で簡素な信仰形態をもつことは明らかであるが、宗教改革直後はこの図式はむしろ逆で、腐敗堕落し、拝金主義に陥り、ドグマに縛られたカトリックを批判する目的で活動するプロテスタントは、キリスト教の霊的刷新を目指す急進派であり、それゆえ多分にスピリチュアルな傾向をもっていた。ルター的改革を非難して、「直接的霊的再生」を提唱したカスパー・シュヴェンクフェルトが「分離派」活動をおこなったのもシレジア地方のリークニッツ（現ポーランド領レグニツァ）である。こうしたシレジアの神秘思想の伝統がプロテスタントの主張と合致し、さらにベーメ神智学にその結実をみたのは当然のことだった。しかしそうした敬虔さは時代と大きな摩擦も生む。岡村は、シレジア地方が宗教と政治の両面で紛争地となっていたことを指摘している。[19]長引く戦争で国土が荒廃したところに、ボヘミアの反宗教改革を逃れてきた宗教難民が流れ込み、政教ともに不安定になった結果、ルター派やカルヴァン派や分離派といったプロテスタント各派が入り乱れ対立し、その混乱に乗じて、カトリックによる反宗教改革の動きが迫っていた。こうした状況におかれたプロテスタント系知識人は、ベーメの思想にある種の慰めを見出したのである。

五年の沈黙の後、彼の背中を押して再び口を開かせたのは、そうした友人たちとのネットワークであった。ベーメの生涯を見わたせば、実に多くの友人や支持者がこの風采のあがらない靴屋兼行商人を支え、励ましていたことに驚く。ゲルリッツ市長のスクルテートス、主席牧師モラー、伝記作者フランケンベルク、領主ゼルヒヤ、同じく領主シュヴァイニヘン、主治医コーバーなど、社会を担う貴族やインテリや人文主義者がこぞって彼に援助の手を差しのべている。ベーメの神智学とは彼個人の著作ではなく、同時代を生きた知識層のマニフェストとなっていったのである。ベーメは一六一九年に禁を破り著作を公表して、敢然とリヒターに闘いを挑む。問題の冊子は『悔悛について』、『真の放下について』であった。リヒターが黙っているはずはない。

彼がどのような行動に出たのかは、ベーメが支持者であるレークニッツ領主ジギスムント・シュヴァイニヘンに宛てた一六二四年四月六日付の書簡からわかる。「[…]そうして高僧のパリサイ人、かの主席牧師(リヒター)は、まるで自分の息子を殺されたか、全財産を焼かれたかのように、印刷された冊子をまたもや激しく非難し、わたしに嘘の山を降らせたのです。そこには、同封した公開糾弾書からもわかりますように、でたらめな名誉毀損もありました。そうしたひどい嘘や中傷を説教壇からまき散らすだけでは飽きたらず、リークニッツのフリジウスという牧師に手紙で、これまでのように説教壇からそうしたことをやるのではなく、印刷させようと思っていると書き送り、彼に、ゲルリッツの裁判所にわたしを訴えて、まるでゲルリッツ市中の聖職者がわたしの著作、とりわけ印刷された冊子を訴えているかのようなふりをするよう頼んだのです。フリジウスはそうしました。主席牧師に言われた通りに、嘘っぱちの訴状を書いてわたしをゲルリッツの裁判所に訴えたのです。その上この主席牧師はまだ復活祭の日に町の名士のところへ行き、わたしに関する嘘を並べたててわめき、訴えをおこし、わたしが帰宅したら牢屋に入れて、いずれ町から追い払うべきだと言い、でたらめな告訴状を市議会に提出しました」[20]。

だがベーメはもう以前のように不安に満ちた靴職人ではなかった。一六二四年三月五日付マルティン・モーザー宛書簡で彼は自信に満ちて言う。「しかしこのことははっきりさせておきますが、わたしの冊子はどんな恥ずべきことも嘘も発表・公表しておりませんし、また貴族や学者の方々から一般庶民に到るまで、ほとんどすべての方がこれを読みたいと熱望されていますし、大変愛されています。他のどんな冊子がこんなにも短期間でヨーロッパ中に知れわたり、膾炙し、愛されたでしょうか。それどころかザクセン選帝侯の宮廷へもわたしは招かれたので、ライプツィヒの見本市終了後、高官たちとお話しさせていただく約束をしました。こうした現状を見てみると、恥知らずの告発者の口を詰め物でふさぎ、真理を植えつけようと考えない方がいるでしょうか」[21]。彼はリヒターの糾弾書こそ「悪魔の口述筆記」であるとして、闘いを受けて立つ。

リヒターは『糾弾書』のなかで、自分と対比させて、ベーメがいかにいかがわしいかを列記している[22]。自分（リヒター）は神の委託を受けた聖職者であるが、彼（ベーメ）は常軌を逸した「狂信者」であり、自分は聖霊によって聖油を注がれているが、彼は悪魔に泥をぬられている。自分は御言と秘蹟に基づいているが、彼は幻視と夢に基づき、敬虔な人々を惑わしている。自分は堂々と信者の前で説教しているが、彼は薄暗い集まりでこっそり教えている。自分は無欲だが、彼は王にも神にもなろうとしている等々。ここに見え隠れするのは平凡な都市聖職者の、神秘家に対するやっかみと強迫観念と強烈な対抗意識である。権威を振りかざしてみても、霊的直観ではとうていおよぶべくもなく、一介の行商人の神学用語を理解さえできないことでプライドは傷つけられ、さらに神が「水銀や亜鉛からできている」というような男に人々が心酔していることにも我慢ならない。

リヒターの「薄暗い集まり」という言葉から、ベーメがある種のサークルの教祖的な存在になっていたことがうかがい知れるが、それは「書簡」と「行商」という地域横断的ネットワークから生まれたものであった。先にも述べたシレジア地方に築かれたネットワークはベーメの心の支えだったらしく、死の直前も無理をおしてここに出かけている。またシレジアには独自の神秘主義の伝統があり、エックハルト的な神秘説を巧みな四行詩で表現したアンゲルス・シレジウス（一六二四―七七）が生きたのもここであり、またパラケルスス（一四九三―一五四一）の汎智学的著作が多く筆写され回覧されたのもこの地方である。長く培われてきた精神的土壌は、戦禍を前にしていっそう強く神智学に恋い焦がれたのであろう。

ベーメ以降

ベーメもリヒターもともに一六二四年に亡くなる。しかし二人の間の論戦はそれぞれの陣営に受け継がれて、その後も世紀をまたいで続いていく。[23]

一六三〇年代にベーメの伝記作者フランケンベルク（一五九三―一六五二）はリヒターに対して論陣を張り、四〇年代初頭にはオランダ人神学者ダーヴィト・ギルベルトがベーメを批判すると、今度はシレジア地方の貴族で、ベーメの信奉者テオドール・チェシュ（一五九五―一六四九）が一六四四年にこれに反論した。その他にもクリスティアン・ベックマンとアンゲリウス・ヴェルデハーゲンの間で論争があった。一六五〇―六〇年代には論争はいったん下火になったが、七〇年に入るとクヴィリーヌス・クールマン（一六五一―八九）の著書『新たに霊を吹きこまれたベーメ』が出版され、再び物議をかもす。クールマンはライデンで神秘的体験を得たのち、霊感によって多くの詩を書き、預言者としてヨーロッパ各地を放浪し、最後はモスクワで異端者として焼かれた詩人である。[24] 彼は先述の著作のなかでベーメを「行動派キリスト者」と名づけ、聖書解釈に専念するだけの聖職者を非難したが、これはルター主義者を刺激し、ヴィッテンベルク大学のアブラハム・カーロフとの論戦となり、これにさらにベーメ支持者のフリートリヒ・ブレックリングが一六八八年に反論するという非難合戦へと発展した。ベーメの著作はこれまでも出版が比較的自由なアムステルダムで印刷されていたが、一六八二年最初の全集が出版されるにいたって、反ベーメ陣営には大きな衝撃が走った。反撃のひとつとして、エラスムス・フランチェスキが、ベーメの『黎明』を揶揄した『黎明の反射』なる浩瀚な書物で、全集を「またぞろ沼から這いでてきた蝦蟇《がまがえる》」と評し、その聖書の曲解を非難した。九〇年代に入ると論争はプロテスタント内の敬虔主義と正統主義の対立に受け継がれ、ヤーコプ・ツィンマーマンとヨハン・クリストフ・ホルツハウゼンの論戦となった。過激な敬虔主義の側に立つことが多かったベーメ信奉者たちの主張は、グノーシス的な異教信仰と結びつけられたため、カルト的な危険思想とみなされ、ベーメ主義者の多くは匿名で論戦に応じざるを得なくなる。

カバラと無底

論戦の争点はいくつかあるが、まずその一つに著作の神的正統性があげられる。ベーメは『黎明』第三章の冒頭で、「読者が（この書を通して）異教の知恵にのめり込まないように」注意していることから、彼が自著の危険性を意識していたことがわかる。そのため彼はそれが「理性によるのではなく、霊の導きによって書かれ」、一個人の恣意的な聖書解釈ではないことを明確にしなければならなかった。これは啓示文学の伝統的な前置きであるが、ベーメの論敵はこの点を疑問視した。一六九〇年代にベーメ主義者と鋭く対立した、アブラハム・ヒンケルマンは、ベーメの思想の中にパラケルススや、アリストテレスの弟子テオフラストスに由来するものが多いことを指摘したし、ベーメのかかりつけ医だったトビーアス・コーバーの入れ知恵とするものもいた。先述のフランチスキもベーメの思想は寄せ集めであり、「憂鬱症的な忘我状態」が生んだもので、神からの啓示ではないと断じた。[25] 一介の靴職人に過ぎなかった男が、いかにしてかくも霊妙な思想を展開できたのかは、いまにいたるまで誰もがいだく疑問であるが、それは一七世紀も同じであった。確かに、これほどの思想体系をもった著作が霊感のみをたよりに書かれたとは考えにくい。

ベーメがカバラから強い影響を受けたことは現在では明らかであるが、これはすでに一七世紀から指摘されてきたことである。先述のベーメ信奉者ツィンマーマンですら、ユダヤ教の『創造の書』(Sefer Jezira)とベーメ神智学の親近性を指摘しているほどである。『創造の書』は一二世紀以降、秘教的神秘主義者たちの間で読まれた、カバラ的著作である。二二のヘブライ語のアルファベットと、一〇のセフィロート［究極の一者から流出した神性の顕現］によって、宇宙と地球の創造を説明する本書は、一六四二年ケーニヒスベルク大学教授ヨハン・シュテファン・リットアンゲルによってラテン語に翻訳され、詳細なキリスト教的註釈がつけられた。ユダヤ人に対する偏見が強かった時代に、彼らの世界観をキリスト教徒が受容したというのは奇妙に聞こえるが、カバラは原始キリスト教団にも存在すると考えられ、一五世紀以降「キリスト教的カバラ」として再解釈することに力が注がれたことは有名である。ツィンマーマンは、神の意志が宇宙のすみずみにまで浸透していて、その影響で存在物の間で発出・受容が起こり、互いに動的関係を結び合うという、『創造の書』の宇宙観とベーメの思想に親近性があると認めた。もちろんこの書をベーメが読んだはずはないが、上下、左右、男女、高低といった対照に並べられた、セフィロートが相互に関係し合うことで世界が成り立っているというカバラの考えは、『黎明』に述べられた、世界を構成する「質」（Qualität）や七つの根源霊（Quell=Geister）の思想に通じるものがある。とりわけベーメ神智学の最重要概念である、あらゆるものの起源である「無底」(Ungrund)は、一三世紀後半に書かれたカバラの中心的著作『ゾーハル』にある、「エーンソーフ」（Ensoph 無限）に近いものだといえよう。偽ディオニシオス・アレオパギタ以来、西欧の神秘家はつねに、存在の根底に「絶対無」「漆黒の闇」があり、そのダイナミックな運動によって世界が創造されると考えた。ベーメの無底もそうした創造的無である。

「このようにして、神性の本質は無底の深みのいたるところにあって、ちょうど始まりがそのまま終わりである一つの輪または眼のようである。そして無底にはいかなる場所も見出されないのは、無底自らがあらゆる存在者の場所であり、あらゆる物の充満であって、しかも何もののにも摑まれず、見られないからである。実際、無底はそれ自身において一つの眼なのである。」

（『神智学の六つのポイント』[26]）

ここには無底の根本的特性が端的に述べられている。それは一言で言えば「能動性」である。無底が眼といわれるのはそれが純粋な能動であって、見られることがないからである。別の箇所でそのことは、「無底は一つの眼のようであり、それはそこで見ながら、その見ることのうちに見ているものを何らもち込まない」といわれている。それゆえそれは「鏡」とも呼ばれる。なぜならそれは像を真実に映すが、しかし幻像を保持することはないからである。鏡にあらゆる物が映るように、無底にはあらゆる存在者が充満しており、しかし受動態として摑まれることはない。

神的エネルギーの充溢であるエーンソーフは、一六世紀のカバラ学者イツハック・ルーリアによって「自らの中に身を隠した」「空虚」と定義された。[27] そこは空っぽであるがゆえに、神の光が投射され、原初の人間（アダム・カドモン）が生まれるという思想には、有であり無、始原であり終極というベーメの無底を見ることができる。

ベーメの論敵は、彼の神智学が彼のいうように霊の直視によって啓示されたものではなく、カバラをはじめ、錬金術やパラケルススの汎智学の知識の寄せ集めであることを証明して、その信用を失わせようとしたのである。

悪の実在

キリスト教はルシフェルという難問を抱えている。本来神とともにある天使でありながら、思い上がりのため天界から落ち、悪魔となったルシフェルをどう解釈すべきなのか、神学者たちは頭を悩ませてきた。神が創造した世界になぜ悪が存在するのかについて、たとえばアウグスティヌスは、それは実在ではなく「善の欠如態」であると説明した。悪は積極的に存在することはなく、もちろん神のなかには悪は存在しない。これに対して、ベーメは「神はすべての存在である。彼は悪であり、善である」（『大いなる神秘の書』第八章二四節）と言う。[28] 世界の創造原理は善と悪、光と闇の対立であり、ルシフェルには世界を造るための重要な役割が与えられるのである。ルシフェルを含め天使たちには神の無底に居場所がない。彼らは神が意志をもったときに、「天上のハーモニーを奏でる調律された楽器」として鳴るが、それに協和するかしないかは彼らの自由意思に委ねられる。アダムが知恵の実を食べたように、ルシフェルも「火の力」を求めてこの楽隊から離れたのである。[29] それは神から火を盗み出して人間に与えたプロメテウスの思い上がりにも比される。火は世界の生成に必要なエレメントであるが、同時に世界に破滅をもたらす。もしその破壊的側面だけをみれば、ルシフェルの思い上がりは悪でしかないが、その反面それがなければそもそも世界は存在しない。「彼（ルシフェル）は自分の意志で神の愛の意志から離脱したが、いま神の怒りの意志が彼をとらえている。彼は闇の世界にあるものを開示し、成すものでなければならない。なぜならそれは同じく創造するものだからである。[30]」もちろんベーメは、ルシフェルが世界を創造したと言っているのではない。世界はあくまで神の意志、「永遠に語る神の御言」が統べるものであるが、無が物質へと凝固・凝結（Compaction/ Coagulation）するためにはルシフェルの「火」が必要なのである。

無底の神自身は鏡に映った自らの無の姿を見るだけなので、無底の外に展開することはないし、人間に無底をのぞき見ることもできない。しかしそうした静的な状態だけでは世界は存在しない。ベーメにとって世界とは神の創造物というよりも、神の身体の「顕れ」であり、より正確に言えば、わたしたちの眼前にある自然こそ神の霊の身体である。ベーメはこれを、ヨハネ黙示録第四章五節の「七つの燃える神の霊」のヴィジョンを借りて、「神性の七つの根源霊」(die sieben Quellgeister der Gottheit) と名づける。[31] その性質 (Qualität) とは、「欲」「棘」「不安」「火」「光」「響」「存在」であるが、前半の三つの否定的性格と後半の三つの肯定的性格に火がはさまれた対称構造をつくっている。欲と棘と不安は「闇の世界、または神の怒り」と呼ばれるが、第一の原理として神を安息から運動へと動かす動因となる。神自身である無底は言わば完全な「然り」（Jah）であるが、これが自己展開をはじめるためには、「否」（Nein）という否定的な力が働かなければならないのである。神の怒りは存在の前提であるが、しかしそれは安定しなければ世界は真の意味で存在しない。その転機となるのが「火」である。火は「柔らかな統一体である〈無〉が、きびしく、恐ろしい〈有〉と衝突することによって弾けた火花の衝撃、或いは〈稲妻〉を暗示している。ここに初めて〈神の怒り〉というきびしい〈闇〉のただなかに、やさしい〈光〉が出現することになる」（富田、八六頁）のである。火はすべてを焼き尽くす旧約的な厳しい浄火でもあるが、世に光をもたらす新約的な御子の誕生でもある。御子はもちろんロゴス（言葉）であり、世界に調和をもたらす響である。これによって神の身体は顕れる。

しかし、神を無とし、父と子と聖霊の三位一体の神秘をカバラの助けをかりて説明しようとすることは、当然正統キリスト教と厳しく対立することになる。両者の主張が架橋できないのは、自然を創造主の意志の現れと見て、そこから根源的なものへと帰着しようとするキリスト教と、セフィロートのような複数の性質の複雑な絡み合いが自然の本質であると考え、その永遠にやむことのない動的な生成にこそ神的意志が働いていると考えるベーメが、世界観においてまったく相容れないからである。

先に引いたアウグスティヌスは別の箇所で、「神はなぜ創造の時に、万物を平等に造らなかったのか」という問いに、「すべてが平等ならすべてが存在しないであろう」（non essent omnia, si essent aequalia）と答えている。「なぜならば宇宙を構成しているものの種類の多様性が――第一、第二、等々と最低の段階のつくられたものに至るまで――存在しないであろうから。」アーサー・ラヴジョイは、これが言わんとすることは、「すべてのものが存在すべきである」という真理だとする。[32] そこにあるのは偽ディオニシオス・アレオパギタのいう「世界はすべて神の意志と業に満ちている」という「充満の原理」である。神が造らなかったものはないし、存在するものはすべて偶然ではなく存在する。それゆえアウグスティヌスの答えは存在論を越えて、世界の倫理的な根拠をも説明する。「差」は善悪をつくるだけではない。差こそ、存在をつくる善なのだ、と。この世に無数に存在する差と対立を悪と断じ、それを究極の一者に収斂することが救済だと考えるキリスト教の司牧神学は一七世紀、ベーメが生きた時代には通用しなくなっていた。そこにはガリレオをはじめ実証科学者が提示しはじめた多様な世界像があり、また人間性への信頼を根本からくつがえす戦争の狂気があった。なぜ天使は堕落したのか、なぜ悪は存在するのかという疑問に真正面から向きあって、「それが神の摂理だからだ」と答えることが神秘家の使命となる時代に入っていたのである。

悪の容認はまた、西欧精神史で長らく抑圧されてきた肉体への評価が変わったことも示している。身体とはただの物質ではなく、霊の力がつくった自然だという考えはベーメの神智学の基礎をなしているが、この点で、キリストの身体に神性を認めないカルヴァンにベーメは強く反対する。「ジャン・カルヴァンやカルヴァン派の人々は、キリストの身体が全能の存在ではなく、それ自体の場所しかもっていないと考えた。［…］キリストの自然的身体における根源霊が、自然の根源霊と同質でないようなことがどうしてあろうか。彼の身体とて自然の根源霊からのものである」（『黎明』第二〇章七六、七八）。人間に手足、指先があるように、神にも身体があり、その四肢が人間なのである。本来は見ることもできない神自身が、自己の霊を人間に自己開示したのが自然であり、その完成体がイエス・キリストの身体であり、その像を記憶しているのが人間の身体である。人間に許された神認識とは、記憶に集中することによって像を回復することである。

乙女ソフィア

これまでのベーメ神智学の基本構造をまとめれば次のようになる。神は無であり、無底である。この無底にはしかし創造力があり、それが意志。神はこの無底の意志であるが、無底には何もないので、神の意志は神にしか向かわない。神が望むものは神のみ。また無底には神しかいないので、神は神のみを把握する。この自己把持のあり方が子イエスである。閉鎖系の無底に生きる神は子イエスをもつことで、それへの意志が生じる。この意志の発出が聖霊である。しかしこれはあくまで三位一体の内部の出来事であり、ベーメの神智学にはこの三位一体にもう一つの位が加わる。永遠の知ソフィアである。これが「自由な欲望」と呼ばれるのは、神がソフィアを欲望することで自己展開するからであるが、注目すべきは、不可触・不可視の無底を可視化する第四のペルソナが女性知だという点である。この思想がリヒターの逆鱗に触れる。

一六二四年に彼がベーメに突きつけた文書で彼は次のように述べる。

「糾弾文：神の御子の永遠性を否定する、アレイオス派の毒は強い。それは、永遠の父からその永遠性を奪おうとする靴職人の毒も同様である。彼は四位や四位一体という背徳的な教えを説いている。アレイオス派の異端のせいで、東洋はマホメットの暗闇によって恐ろしい罰を受けた。

[…]」

ベーメは反論する。「回答：主席牧師殿。それについてははっきり否定いたします。あなたは、わたしが父なる神から永遠性を奪ったなどと絶対に証明できません。神性の四位一体など説いておりません。あなたは長年にわたって無底についてわたしを裁き、わたしの著作を曲解して、説教壇から、わたしが〈神の御子が水銀からつくられた〉と書いたとおっしゃいました。証明してください。さもなければそれは大嘘。大嘘のなかにあるのは〈くそくらえ！〉だけです。わたしは一なる永遠の神を知っています。その方は、あらゆる自然と被造物の彼方で、自らのうちに住まう、永遠で、無始原で、唯一で、善なる存在です。それはどんな場所も空間も必要としていません。計測もできず、自然や被造物の概念にもとらえられません。この一なる神はペルソナにおいて三位一体で、父と子と聖霊は同じ全能と力にいます。この三位一体存在は過去、現在、未来を通して、同時にすべての事物に満ち、すべての事物の根拠であり始原であり続けます。その上で、永遠の力は神の息吹や語りとなって溢れ出し、目に見えるようになったのです。その溢れ出した言葉には内なる天国と可視的世界があります。すべての被造的存在も同様です[33]。」

ゲルハルト・ヴェーアはこの「息吹」「語り」「言葉」がソフィアであり、三位一体と世界をつなぐ四位であるとする[34]。神聖から流れ出る言葉によって世界がつくられたという思想は、キリスト教神学のロゴス論であるが、これを福音としてのキリストとしてだけではなく、両性具有的なイエス＝ソフィアと理解するのがベーメの神智学の真髄である。無である神の三つのペルソナは乙女ソフィアを伴侶とすることで、意志の自己展開をおこなう[35]。そのあとも神の意志の発現にはすべてソフィアが介在する。ルシフェルの堕落のあと、始祖アダムは花嫁ソフィアと一体の「男の乙女」として世界を名づけていく。だが自分の名づけた世界に気をとられたアダムはソフィアに去られ、代わりに第二の伴侶イヴが与えられる。楽園を追われた二人の子孫を救うのが、再びマリアに宿った乙女ソフィアである。彼女によって回復された天上的処女性によって、マリアは光のからだをもった神の子イエス・キリストを生む。アダムが失った女性知を再び得たイエスはやはり「男の乙女」なのである。このように、ベーメは旧約と新約に描かれた神と人間の歴史を、「男性的原理と女性的原理両者の総合力による創造と救済」（岡部、一七頁）と解釈する。この壮大なヴィジョンは、男性原理に支配されたキリスト教神学に対する明確なアンチテーゼなのである。

こうした両性具有のイエス論はベーメの死後はゴットフリート・アーノルト（一六六六－一七一四）らに受け継がれていくが、とりわけ女性の敬虔主義者に強い影響を与え、現代のフェミニズム神学の先駆けとなっていく。[36]これは、中世後期の修道女たちが自らをイエスの花嫁と名づけて、男性中心の信仰に居場所を求めようとしたのとは少し趣が違っている。

敬虔主義者はより積極的により過激に、ソフィアという女性原理を三位一体の中核にすえることで、神の「母」的出産こそ世界創造の実相であると主張した。ヨハンナ・エレオノラ・ペーターセン（一六四四－一七二四）はそうした女性の一人である。[37]キリスト教では、ヨハネ福音書に「初めに言《ことば》があった」（一：一）といわれるように、世界の創造原理はあくまで「ロゴス」、つまり論理的判断であり、具体的にはイエスのもたらす福音である。神への愛であれ、隣人愛であれ、最後の審判であれ、復活であれ、すべてはイエスの言葉を通して「伝えられ」、「書き取られ」、「理解される」。そしてこの理解の過程を聖職者たちが独占するかぎり、福音は男性原理に支配される。

ロゴス信仰とは本来男性的なものなのである。ペーターセンはこれに対して、もう一つの創造原理が『創世記』に記されているとする。原初の世界で「神の霊が水の面を動いていた」(一：二)という記述は、プネウマ的な「気」が硬質の大地ではなく、流動的な水面を漂っている女性的印象を与える。ペーターセンは、「霊」にあたるヘブライ語の ruah が女性名詞であり、これは「言」にあたるギリシア語のロゴスとヘブライ語の dabar が男性名詞であることと対照をなしているとする。「ヘブライ語では聖霊は女性名詞で、これは子を産む母であり卵を孵す鳩を示しています。」[38]そこから導き出されるのは、本来の三位一体が父と子と母であり、世界は両性具有的創造原理によって成り立っているという確信である。ドグマでは、「父が子を産み」、「聖霊が両者をつなぐ」が、ペーターセンの神学では、「母が子を産む」。この当たり前の図式に思いいたるのにキリスト教学は一七〇〇年かかった。母は不可視の神性を可視化する「仲立ちの力」であり、彼女なしにはロゴスは人間には与えられない。そして世界は男性的な理性だけではなく、霊的で出産的な女性的ソフィアと一体となって救済へと導かれるのである。

終わりに

小学校しか出ていない靴職人であるにもかかわらず、多くの知識人たちがベーメの言葉に最高の敬意を払って耳をかたむけ、選帝侯の宮廷も興味をもち、その死後も多くの宗教家が彼の神智学に魅了され、その上に独自の精神的な思想を展開させた。ベーメの神智学はヘーゲルやシェリングがいうように、ある意味でドイツ哲学の黎明だったのである。また、彼の平和主義も忘れてはならない。戦乱のただ中に生き、さまざまなイデオロギー抗争に翻弄され、迫害され、弾圧を受けた神秘家は、平和の意味をもっともよく理解していた。「トルコ人もユダヤ人もまた異教徒も、あなたがそこで生きるのと同じ体において生き、またあなたが用いるのと同じ身体の力を用い、さらにあなたがもつのと同じ身体をもつ。あなたの神であるその同じ神が、また彼らの神である」（『黎明』第二二章五三節）という言葉は、「文明の衝突」が声高に叫ばれ、宗教の宿命的敵対論がまことしやかに説かれる現代社会に大きな警鐘を鳴らすものである。愛を説き、神を求める先導者、神の代理人たるべき人たちが率先して差別と抗争の陣頭指揮をとる現実を見て、ベーメは怒りを隠さない。「おお、あなたがた盲目なる人たちよ。言い争いをやめ、無辜《むこ》なる血を流すことなかれ。それゆえまた悪魔の意志のままに国土や都邑を荒廃させることのないように。そうではなく、平和の冑をかぶり、互いに愛の絆を結び合い、そして柔和の心を懐くがよい。驕慢と貪欲を捨て、誰もがその姿をありのままに示し、自ら怒りの火を点火することのないように。そうではなく、柔和、貞潔、親愛、そして清純のうちに生きるように。そうすればあなたがたはすべて神のうちにあり、また生きるであろう」。

　知力においても体力においても劣るからこそベーメは「弱さ」に敏感だった。説教壇の高みから悔悛の教誡を説く主席牧師ではなく、彼は人並み以下の目線から絶対神も宇宙の神秘もおずおずと見上げた。その目線の低さゆえに見えたものもある。人は壊れもので、はかない存在だという現実である。戦乱の中で「無辜の血」が流されるのを日常的に見て、ベーメは平和の回復を「弱さの力」に託す。彼の説く、柔和、貞潔、親愛、清純は、鞭打たれ、辱められたイエス・キリストの姿そのものである。イエスと苦悩を共にし、「怒りと闇の世界」から受ける迫害に身をさらしてこそ、「光の世界」は最も強い抵抗の力を得ることをベーメは彼の神智学の中で示してみせたのである。

第一〇章　「それでも動いている」ガリレオ・ガリレイ

新発見の世紀来たる

信州の山深い里にあるそのペンションは、オーナーの自作の天文台にひかれて、多くの観測ファンや高校の天文部の学生が訪れる。夜誘われて野外に出れば、三一センチ反射望遠鏡が天を仰いでいた。台長の眼は数億キロ先の光も見逃さない。漆黒の闇の中に望遠鏡は、環のかかった黄土色の惑星をはっきり捉えていた。図鑑でしか見たことのなかった土星が、まるで小箱に入った宝石のように手もとにあることに驚いた。それは紛れもなく「実物」がそこにあるという感動だった。プトレマイオスも、アリストテレスも、ガリレオさえも見たことがない世界なのだ。しかし同時に、のぞき見るうちに、小さな個が無限の宇宙に吸い出されるような、高所恐怖症にも似た不安を、レンズの中の小宇宙におぼえた。それは、神聖なものの前にいきなり立たされたときに感じるような、恐怖であった。

凡人が怖いもの見たさに、おそるおそる開く扉を、科学者は不遜ともいえる好奇心で毅然と開ける。その扉の向こうには、真理と、燃える火刑の薪があるということを彼はやがて知ることになる。一七世紀は科学の「開かずの間」が次々と押し開けられた世紀だ。そのことはこの時代に出版されたおびただしい数の「新書」を見れば明らかだ。[1]光学機器の進歩によって新星の発見が相次ぎ、天文学は一気に時代の寵児となる。ヨハネス・ケプラーは『新天文学。火星の運動について』（一六〇九年）を、ガリレイは『新科学対話』（一六三八年）を発表した。自然観察の精度が向上することにより、アリストテレスやスコラの自然学が斥けられる。ロバート・ボイルは有名なボイルの法則を、『空気のバネとその効果に関する自然学・機械学的な新実験』（一六六〇年）で発表した。フランシス・ベーコンは『ノヴム・オルガヌム』（一六二〇年）で、従来の哲学者が事物と実例にわずかに目を向けるだけで、すぐに「託宣を示して貰うために自己の霊を呼び出した」ことを批判し、新しい科学は「浄らかにいつまでも事物と交わりつつ」その本質を探るべきだとする。タイトルだけをあげても、『新解剖学演習』、『幾何学における新発見』、『月における新世界の発見』、『人間本性に関する新哲学』など枚挙にいとまないが、「新しさは一七世紀の人間がもっとも意識したもの」（五九八頁）とソーンダイクが言うように、科学者はこれまでに聞いたこともない「前代未聞」のものの存在をこの時代に確信したのである。

数々の新機器の中でも望遠鏡はとりわけ人類史に大きな意味をもっている。それは天空の高みをただ仰ぎ見るためだけの光学器機ではなく、広大な宇宙に浮かぶ自分の姿と、神の不在をのぞき見る、恐るべき道具となったのだ。コペルニクスが半開きにした禁断の扉を全開にしようとした人物がいる。ガリレオ・ガリレイである。北ヨーロッパの知の巨人が確信はしつつも、遠慮がちにラテン語でつぶやいた真実を、このイタリア人は天然ともいえる無邪気さで声高に民衆語で説いて廻ったのである。ガリレオは、ピサの大聖堂でミサの最中に吊りランプが揺れるのを見て、振り子の法則を発見したことや、ピサの斜塔から鉄球を落として、落下の法則を証明しようとしたことで、歴史の教科書に登場するが、彼の名を科学史に刻んだのは、やはり、「それでも地球は動いている」という彼の言葉であろう。近代科学には、旧時代の迷信を打破し、真理を勝ち取ったという神話が必要であり、ガリレオの受難はそのための絶好の演出だったのである。

ガリレオはしかし、正確には殉教者ではない。教会からの迫害、同業者からの誹謗中傷、近親者の相次ぐ病死、自らの病、失明といった艱難辛苦は、晩年のガリレオを肉体的にも精神的にも打ちひしいだが、彼は研究と心中するほどナルシストではなかった。自己の信条を裏切り、老いてなお貪欲に名声を追い続けたガリレオの人間臭さは、それゆえ文学や美術に格好の素材を与えてきた。その中でも、ドイツの劇作家ベルトルト・ブレヒトの『ガリレイの生涯』は、現代社会にもつアクチュアリティーで傑出している。ブレヒトは、教会の監視下で生きる老学者の姿に、ファシズムに追われ祖国を去らなければならなかった亡命者としての自分を、さらに共産党一党独裁の政権下で生きる作家としての自分を、そして第二次世界大戦末期に核開発に携わった物理学者たちの姿を重ね合わせている。ガリレオに対する彼の評価は、ある時は殉教者、ある時は浮世離れした学者、ある時は老獪な科学者、ある時は卑怯者と、さまざまに変化している。しかしどの版でも、ガリレオの転向が投げかけるのは、ある科学的パラダイムの正当性ではなく、ある政治的体制、ある組織のもとで生きる個人の信条と、それへの責任の問題である。

ガリレオ問題

ガリレオは宗教権力に対してナイーヴ過ぎた。彼は最初に教皇庁で嫌疑がもちあがったとき、身の潔白を証明しなければならないと考え、勇んでローマにやって来る。一六一五年から一六年にかけて彼はローマの知識人や教会関係者に、潮の干満を根拠に地球の自転と公転を説明し、コペルニクス説の正しさを説いて廻った。潮の満ち引きが地球の回転と無関係であることは、現在では明らかだが、もっと大きな問題は、人々の危惧がそうした実証的説明の有無ではないことを理解しない、ガリレオの政治音痴ぶりである。宇宙の神秘を聞かされれば聞かされるほど、ローマの人たちは困惑したが、そんな心配はどこ吹く風で、ガリレオは、コペルニクスの正当性をいち早く認めることこそ、プロテスタントに対するカトリック教会の優位を示す方法だと信じ、自説を説き続けたが、これには彼の庇護者であるトスカナ公国も困り果てたようである。時の駐ローマ・トスカナ大使の嘆きが伝わっている。

「(ガリレオは) このことがどんな影響を及ぼすかを気づくこともない様子で、その結果、彼は揚げ足をとられ、自分自身の支持者を窮地に追い込むことになるでしょう。なぜなら彼はこの事柄については激烈、不屈であり、感情が高ぶっていて、近くにいると彼との論争を避けることはできません。」（大使グイチアルディーニからコジモ二世への書簡[2]）

しかし、名門パドヴァ大学の元教授で、メディチ家の主席数学者兼哲学者であり、学士院のメンバーであるガリレオを誰も邪険に扱うわけにはいかなかった。かといって彼の常軌を逸したロビー活動を大目に見るわけにもいかない。みなやんわりとした調子で、この危険思想から手を引くように促した。

ガリレオの論文を受けとった教皇パウルス五世は、神学顧問である枢機卿に意見を求める。教義解釈のデリケートな問題を扱う際、教皇はまず彼の教師である神学顧問（magister palati papai）に相談するのが通例であった。これは、歴代の教皇に一人ずつつく学術指南役であったが、深い学識と中立的な立場を求められるので、中世ではドミニコ会士、その後はイエズス会士がその任に当たることが多かった。枢機卿ベラルミーノもイエズス会士で、天文学に通じていた。しかしだからといって、ガリレオとコペルニクスの地動説に彼が理解を示したわけではない。それどころか一五年前の一六〇〇年に、宇宙の無限を主張して焚刑に処されたジョルダーノ・ブルーノの裁判で、彼は裁判官を務めていた。この屈折したキャリアの持ち主が、友人でもあるガリレオに接する態度を見れば、信仰が合理的知性に示す態度が、十一世紀以来連綿と続いてきた二枚舌

（哲学史的には「二重真理説」）から何も変わっていないことがわかる。彼は、もちろん大地は動いていないと断言する。なぜなら、いま彼が見ている天も星辰も確かに動いているように見える、、、のであり、この経験を何人も否定できないからである。もしこれを否定できるものがいるとすれば、それはメタの視点から自分の動きを観察することができるものだけだが、そうしたものはいない。よって「賢人ソロモン」の、天が動いているという判断を修正する必要はない、というのである。[3]

この相当苦しい批判には、ベラルミーノ自身がガリレオの説を完全に否定できないと考えていたことがうかがえる。教皇庁随一の学識者は、真理がどちらに軍配を上げるのか薄々気づいていたはずである。しかし、彼は譲れなかった。眼に見える世界と眼に見えない世界は別々の原理で動いているという二枚舌の詭弁を弄し、彼はこの問題に決着をつける。それは熱狂的な真理の探究者に対する慈愛であった。ベラルミーノは一六一六年二月二六日ガリレオを公邸に招き、コペルニクス説が教会で正式に誤りとされたことを告げ、今後この学説に関わらないことを約束させた。この時ガリレオには二つの鑑定文が示されるが、この内容については後に詳しく分析する。

学問的情熱だけではなく、カトリックへの愛から発言を続けてきたガリレオにとっては、この裁定ははなはだ不本意だったろう。「アルプスの北の勤勉な民」（と、ガリレオは呼ぶ）は、イタリアの同胞とは違い、日々精進を重ね、学術研究に余念がない。その結果、人類が何千年もの間、信じ切ってきたものが錯覚であることに気づき、これを科学的に証明した。明白な事実を認め、それどころかカトリックの権威において、これがすでに既知の事実であったとしておかなければ、プロテスタントによい笑いものにされてしまう。これがガリレオの危惧であった。[4] 彼はプロテスタントという当時まだ異端であった宗教に対抗するために、天動説の一刻も早い破棄を求めたが、教皇庁はまさにそれが異端者の学説であるからこそ、異端と判断したのである。

カトリックのプライドと並んで彼を地動説に駆り立てたのは、やはり科学者としての野心でもある。当時、彼には信仰科学の旗手としてヨーロッパ中から期待が寄せられていた。年若いケプラーに対する対抗心もそこには少なからずあっただろう。それは彼に、潮の干満を月の重力に帰する説を無視させ、惑星の楕円軌道説を無視させ、一刻も早い自著の出版を促した。『天文対話』が発禁処分を受けたとき、ガリレオは「愚かしい名誉心に取り憑かれて、それを出版してしまった」と後悔している。一六一六年に警告を受けたにもかかわらず、彼はなぜそれを出版しようとしたのだろうか。

『天文対話』(正確には、『二大世界体系についての対話』)の「読者諸賢へ」の中で、ガリレオは、彼を出版へと突き動かしたいくつかの理由を述べている。その中には先に述べた、「アルプス以北の勤勉な人々」への対抗意識と並んで、アリストテレス力学への批判がある。四大元素論にしがみつき、実証することなく推論のみで世界と宇宙を思い描く、逍遙学派を論駁するためにガリレオはコペルニクスの側に立っただけで、『天文対話』はあくまで「仮説」であり、大地の不動性を否定するものではない、と彼は言う。真理として主張するのではなく、仮説として提起しているだけだという、苦しい言い訳を彼は実践しなければならない。そのために一番有効な手段は対話だと考えたのである。『天文対話』は、寄りつどった三人の賢者がそれぞれの意見を述べ、批判し、応答し、反論しながら進行する。ガリレオ自身であるサルヴィアチとその友人サグレドはコペルニクスの立場をとり、シムプリチオはプトレマイオス、アリストテレスの立場をとり、論戦を繰りひろげる。もちろん前の二人に圧倒的に有利に話し合いは進むが、あくまでこれは論談であり、論証ではない。それゆえ冗談や比喩も多用される。天動説の信奉者は、「市街全体を見渡したいと思って、有名なフィレンツェのサンタ・マリア・デル・フィオーレ聖堂の円屋根に登ったはいいが、首を回すのを厭って、町が回ればいいと考える人」に喩えられる。[5] 彼らは、「大地が円周運動をしていれば、今日昼食をコンスタンチノープル（イスタンブール）で食べた人が、夕方頃日本で夕食をとれるはずだ」と考えている。[6] 天動説派の「シムプリチオ」は「馬鹿」の意味もあり、こうした茶化しが後に教皇の怒りを買い、ガリレオの首を絞めることになる。

『天文対話』でガリレオは、アリストテレスを力学的視点から批判する。シムプリチオがまずアリストテレスの『生成消滅論』に則って主張する。地上のすべてのものが生成消滅するがゆえに、地上では事物は直線運動をする。なぜなら生成消滅はともに反対物への変化であり、その変化は二つのものを結ぶ直線運動によってなされるからである。これに対して、天は神々の住み処であり、不変であるので円運動をする。円運動には反対物がなく、反対物がなければ、生成消滅は起こり得ず、不変だからである。これを否定すると、天体が変化することになるが、星の位置など変わるものは少ないので、これは矛盾である。また大地が円運動をしているとすれば、地上のものは不滅ということになり、これも矛盾である。シムプリチオはこのように、地球が運動していないことを説明できると考える。サルヴィアチやサグレドはもちろんこれに反論する。天界の惑星上で何も変化していないと誰も報告できないこと、また一五七二年と一六〇四年に月よりも遠い宇宙で、二つの新星の誕生が確認されたこと（八四頁）、望遠鏡の発明によってわれわれはアリストテレスの知らない世界に住んでおり、アリストテレスがもし望遠鏡をもてば、彼は考えを変えたにちがいないことである（八三頁）。

また、生成消滅が地球でしかないことを証明するために、シムプリチオは、その原因である人間の幸福と有益をもちだす。馬を肥やす牧草も、人を養う麦も、果実も、獣も、鳥も、魚も、人の用に立ちたいという目的をもっている。もし月や他の惑星で生成が生じるとすれば、それが人類にとって何の役に立つのかと。世界が神によって創造されたという聖書的前提からシムプリチオの自然観がいまだ未分離であるのに対して、サグレドは、科学が自己の想像力の限界を越える努力を怠ると、大洋や船や大船団を思い浮かべることができなくなり、結局のところそれまでの経験の継ぎはぎから、スフィンクスや人魚やキマイラやケンタウルスといった想像上の怪物をつくりだすだけだと言う。あたかも聖書の記述も迷信だといわんばかりのこの意見に、サルヴィアチは慎重に神の御業を擁護する。月はまったく別の仕方で運動しているにしても、「世界とその創造主とその支配者との大いさと美しさを見、また褒め讃えることによって、……つまり（これこそぼくのいおうとすることですが）あんなにもしばしば聖書の主張しているところの神を賛美するというあらゆる被造物に共通した永久的な仕事に従事することによって、月を飾っているのです。」[7]もちろんその後に続く、望遠鏡で観察できる月面の凹凸は、月にも生成消滅があった証拠だとする彼の推論は、神の賛美にすべての原因を委ねない科学者の矜恃を物語るが、『天文対話』のおかれた宗教と科学のはざまの微妙な位置関係を示している。

全篇を通して、古い力学と、憶測の域を出ない天文観に縛られたシムプリチオの主張に分がないのは明らかであり、対話は終始サルヴィアチとサグレドに優位に進む。これほど地動説をはっきり支持している書物が、なぜローマの許可を受けて出版されたのだろうか。ガリレオは著作の公表にはきわめて用心深かった。『偽金鑑識官』の出版に際し、一六二三年に許可書を得、検閲官に自作を「深遠で健全な思索」と太鼓判を押させている。『天文対話』の許可をガリレオは再びローマ教皇庁に求めた。一六三〇年五月、彼はローマに到着し、著作を検閲官に提出し、六月一六日晴れて印刷許可を得る。しかし、『偽金鑑識官』同様、今回も著作を検閲したドミニコ会士リッカルディは、彼に厳しい注文をつけた。それは序文と最終章に、キリスト教世界の卓越性と神の全能を讃える言葉をつけ加えることである。[8]これが『天文対話』にきわめて奇妙な構成を与える原因となった。とりわけ読者を驚かすのは、結末部であろう。そこでガリレオ扮するサルヴィアチは突然、シムプリチオに時として感情的に反論した非礼を詫び、彼が師の学説を忠実に守っていることを賞賛する。それどころかシムプリチオに、潮の干満を神の御業とすることに同意するかと聞かれ、サルヴィアチはそれが、「驚くべき天使のような御説」であるとし、いままでの討論は人間の精神が怠惰に落ちないための訓練であり、結局は神の御業を発見できないものだとする。彼は対話を次の言葉で結ぶ。「ですから神の偉大さを認めこれを大いに賛嘆するように神によって許され命じられている訓練を積みましょう。たとえわれわれがどれほど神の無限な知恵の深い深淵に透入することはできなくても。」[9]この矛盾した結末をガリレオは何の躊躇もなく書き加え、一〇年余をかけた労作の結語とした。それどころか、修正箇所を再びリッカルディに送って検閲してもらう時間さえ惜しんで、とりあえず本文だけを印刷所に送っても構わないか打診したほどである。

　彼が出版をこれほどまでに急いだ理由は、イタリアのみならず全ヨーロッパに轟いていた彼の名声であり、ヨーロッパ中の科学者が自作の出版を今か今かと待ちわびているという、自負だった。『天文対話』はトスカナで印刷され、初版一千部は完売した。ガリレオは各方面から――科学者のみならず、宗教関係者からも贈られる賛辞に嬉々としたにちがいない。名実ともに、彼は学会の寵児となるはずであった。

　野心をとげるために細心の注意をはらってきたはずであったが、ほころびは思わぬところから生じた。『天文対話』はこともあろうに、ガリレオが最大の理解者と考えていた、教皇ウルバヌス八世の逆鱗に触れたのである。デーヴァ・ソベルは教皇の突然の変心の理由を、彼が直面した外交上の困難と関係づけている。一六一八年に勃発した三十年戦争は、宗教上の教理を越えて、王室の利害を求めて動く複雑な政治力学に教皇庁を巻き込んだ。多忙を極めたウルバヌスが取り巻きに操られ、反ガリレオ的な立場に変わった可能性は十分にある。彼はすでにかたがついていたはずの問いをもう一度蒸し返す。『天文対話』の再検閲を命じるのである。そこで委員会は、ガリレオが「仮説」であるはずの地動説を確信している疑いがあると報告し、教皇はこれを発禁処分にし、ガリレオに即座にローマに出頭するよう命じた。ガリレオはいままで必要な手続きをすべて踏んで、二度も検閲を受けた著作が発禁処分となることの不当性を訴え、これがイエズス会の陰謀であること、そして、この「冷酷な迫害者」と対決しなければならないことを嘆いている。

一六三三年二月ガリレオはローマに到着し、それまでと同様トスカナ大使館に滞在し、審理を待った。その間、多くの友人たちが彼のために教皇庁に嘆願したが、効果はなかった。一六三三年四月一二日ガリレオに対する異端審問はいよいよ始まった。ここでガリレオは『天文対話』の出版にいたるまでの経緯を質問に応じる形で答えている。特に審問官が注目したのは、彼の一六一六年の宣誓である。ガリレオは、前教皇パウルス五世の枢機卿であったロベルト・ベラルミーノに、地球の運動と太陽の不動などに関するコペルニクス説を説明したが、これらが誤謬であるとする教会の公式見解を聞き、これを認め、以後この教説を信じないことを宣誓した。その際、枢機卿から「絶対的なものとしては聖書に対立するが、仮説としては容認しうる」という申し渡しを受けた。これをガリレオは、「仮説としてはこの見解を抱いてもよい」と解釈した。この解釈は現在の常識では困惑するものであるが、神学が第一の学問であった時代背景を考えれば、それほど不可解なものではない。ブルーメンベルクも言うように、「自然についてのどんな知識も「人間には予測できない」神性に固有の方法を考慮しなければならない以上、コペルニクス理論のいわゆる最善の証明なるものも仮説という留保を伴うものでしかありえない」からである。[10] そのことは、『天文対話』の「読者諸賢へ」にある、「純粋に数学的な仮説として」地動説を取り扱うという文言と符合している。

しかし、この見解と一六一六年二月の会見の公式記録にはずれがある。ベラルミーノが寛容に地動説を仮説とするよう指示し、同席したドミニコ会神父たちもそれを黙認したとガリレオは述べているが、ドミニコ会士はこの処置をまったく別様に理解していた。検邪聖省の主席代表ロディのミケランジェロ・セジッツィは、ベラルミーノがガリレオにコペルニクス説の放棄を求め、「爾後、いかなる方法によっても、この説を言葉あるいは著作により抱いたり、教授、または擁護してはならない」と追記している。問題となったのは、「いかなる方法によっても」「教授してはならない」とする文言で、ガリレオはこれが当初言及されていなかったと主張する。おそらくその通りなのであろう。それを証明するかのように、この文書には署名がない。しかし、その書類上の不備は審問官の興味を引かなかった。彼らは、出版許可を申請した際に、この警告を伝え聞いたのか問いただし、ガリレオはそれを言う必要はないと考えていたと答えている。なぜなら彼は、「地球が動き太陽は不動であるという見解を主張も擁護もしていない」からである。[11] ここでガリレオの弁明のストラテジーは明らかに変化した。「教授してはならない」という禁令の有無にこだわり、出版を正当化することはもはや限界にあると察し、彼は『天文対話』の意義自体を否定しようとする。おそらく拷問が彼の脳裏をよぎったのであろう。ここで彼の裁判の意味は一八〇度変わった。「仮説ならば支持してもよい」という前提がなくなり、あたかも梯子を外されたような立場におかれたガリレオは、三〇年前のジョルダーノ・ブルーノのようになりたくなければ、仮説ごと否定するしかなかった。そもそもガリレオが「対話」形式をとったのは、あくまで断言を避け、サルヴィアチという人物の口から語られる一仮説としてコペルニクス説を紹介するためだった。三名がおこなってきたのは、あくまで意見交換のはずだった。しかし、こうした方便が通用するような雰囲気ではもはやなかった。

先に紹介したブレヒトの戯曲でガリレオが、教皇が代替わりし、数学者の枢機卿が新教皇に選ばれたことを聞き、自説の再評価を期待して喜ぶ場面がある。確かにウルバヌス八世は科学に明るい教養人であったが、科学的合理主義に理解があったというのは事実ではない。そのことは、スパラトロの司祭マルカントニオ・デ・ドミニスの事件によく現れている。潮の干満が月の影響であることを主張していた、この司祭はその反教皇庁的な態度も原因して、ウルバヌスに投獄され、獄中で病死する。しかし、教皇はこの男を簡単には死神に引き渡さなかった。彼は裁判の続行を命じ、異端判決を出させた後、死後三ヶ月も経つ遺体を墓から掘り出させ、あらためてカンポ・デ・フィオリにおいて火刑に処した。ガリレオはこの事件を知っていて、『天文対話』の中で言及している（一九六頁）。拷問や火刑が脅しではないことを彼は十分認識していた。

イエズス会士メルキオール・インクホーファァー

裁判の結果を待つ間の被告は、さまざまな疑心暗鬼で苦しめられるものである。ガリレオをおそらく最も苛んだのは、イエズス会の陰謀に落ちて有罪判決が出るのではないかということだったろう。イエズス会士であり、ドイツ・インゴールシュタット大学教授のクリストファー・シャイナーと、永年にわたり太陽黒点をめぐって論争を繰りひろげてきた経緯もある。また教皇のお取り巻きの中には多くのインテリ・イエズス会士がいたし、その中の何人かは名うてのガリレオ・キラーとして知られていた。彼らはかつてガリレオが『偽金鑑識官』の中で、自分たちを「偽金造り」と呼んだことを忘れてはいなかった。[12]今度は自分たちが鑑識する番となり、彼らが小躍りしたことは間違いない。

鑑識官としてウルバヌス八世は三名の神学者を任命したが、その中の一人はやはりイエズス会士であった。これは、その前年におこなわれた同様の鑑定に呼ばれなかったイエズス会が強力に教皇に嘆願したためと考えられる。選ばれたのはウルバヌスの信頼が厚かったウィーン生まれのハンガリー人イエズス会士メルキオール・インクホーファーであった。彼はそのラディカルな言動と行動で、ローマでも名が知られていた。イエスがラテン語を話し、また天国の福者たちもラテン語を話しているという彼の主張と並んで、彼を有名にしたのは、聖母マリアがメッシーナに宛てて書いたとされる書簡の紹介である。シチリア島の先端にある町メッシーナは現在もマリア信仰が盛んで、港の入口では巨大な黄金の聖母塔が船の航行を見守っている。メッシーナ大学で神学を講じていたインクホーファーは、この紀元六二年作の書簡をマリアのものと断定し、その内容をキリスト教会の原理と考えた。しかし、この書簡の信憑性は当時すでに疑わしいとされ、インクホーファーは自説の弁明のために一六三三年ローマに召喚され、注意を受けている。そこで彼は大幅に譲歩せざるを得ず、マリア書簡が「仮説」であることを認めざるを得なかった。まさにガリレオが受けたのと同様の理由で譴責され謝罪したわけだが、その舌の根も乾かないうちに、このイエズス会士は別の異端者を断罪する役目を買ってでたのである。[13] その原理主義的カトリシズムと、イエズス会の反ガリレオ政策を反映して、彼の鑑定書は他の鑑識官とは比べものにならないほど、ラディカルである。彼は、ガリレオが『天文対話』の中でピタゴラスとコペルニクスを信奉しないものは「魂の矮人」であるとみなしているとし、また「誤った説も鵜呑みにしがちな普通の人々をその見解に誘い込むという意図」でイタリア語で書いたと断じた。[14] 彼の怒りはおさまらない、裁判の後インクホーファーは『小論考』Tractatus syllepticus（以下、『論考』）を著し、ガリレオを有罪とした根拠をさらに神学的に証拠立てようとした。[15]

一六一六年にガリレオが枢機卿ベラルミーノに呼び出されて、コペルニクス説の撤回を求められたことは、先に見た。この時の彼には次の二つの鑑定書が示された。

一．「太陽は世界の中心であり、運動によって位置を変えることはない。」鑑定：この命題は哲学的にみて愚かで馬鹿げており、完全に異端である点で、全員一致した。なぜならそれは、聖書に書かれている多くの記述と、言葉の本来の意味に照らしても、また教父と学識ある神学者による解釈や理解に照らしても、相容れないからである。

二．「地球は世界の中心ではなく、また不動でもない。それは全体としてまた一日周期で運動する。」鑑定：この命題が哲学的には同じ鑑定を受け、また神学の真理に照らして、少なくとも信仰上の誤謬であるという点で、全員一致した。

ここでコペルニクス説が太陽と地球の二つの視点からみた宇宙観に分けられ、さらにそれぞれに哲学的見地と神学的見地からの鑑定が加えられている。注目すべきは、第一命題が哲学的には「愚か」であり、神学的には「異端」であるのに対して、第二命題は哲学的には「愚か」でありつつも、神学的には異端ではなく、「信仰上の誤謬である」とする点である。「哲学的」とはいうまでもなく、アリストテレスとトマス・アクィナスの天文観にそってという意味である。教会は一三世紀以降アリストテレスの自然学と鋭く対立し、イスラームの哲学者アヴェロエスの合理主義思想を信奉する多くの哲学者を異端者として迫害した。ドミニコ会士トマス・アクィナスも一二七七年、他のパリ大学教授たちとともに断罪された。これは、彼らが支持するアリストテレスの、四大元素の生成消滅が宇宙を造ったとする学説が、聖書の記述と明確に齟齬すると護教論者たちが考えたからであった。だが皮肉にも、三世紀を経て、今度はその教会がアリストテレスの助けを借りてコペルニクスを否定しなければならなかったのである。哲学が両説を「愚かしい」

(absurd) と切って捨てたのに対して、神学的鑑定には保留がついた。地球が世界の中心であるかないかについての記述を、聖書に見つけることができないからである。インクホーファーが『論考』でおこなおうとしたのは、「地球は永遠に不動である」という説を聖書から導きだそうとしたことである。彼は、一六一六年の鑑定はコペルニクスを明確に禁止しているにもかかわらず、多くのものがこれについて語り、書き、また聞こうとしていることを憂え、「人間の科学は聖書の規則に従属している」という立場に立って、中世来のスコラ学的聖書解釈の方法を駆使して、太陽中心説を反証しようとする。彼は著作でまず、聖書が「字句的意味」と「神秘的霊的意味」の二重構造をもち、字句解釈だけを根拠に、地球が動的であるとすることはできないとする。聖書には地球が運動することを示す記述がたくさん存在する。たとえば、「主の怒りに地は揺れ動き天の基は震え、揺らぐ」(サムエル記下二二・八、詩篇一八・八)、「三つのことに大地は震え」(箴言三〇・二一)、「大地が塵となって押し流される時」(ヨブ記一四・一九) 等々であるが、これらは神が不信心なものに対して示した命令と怒りによって引き起こされるかもしれない事態であり、本来の意味においてではない (Blackwell, p. 111; 133)。本来の意味を示すのは、『ヘブライ人への手紙』の中でパウロが言った、「主よ、あなたは初めに大地の基を据えた。もろもろの天は、あなたの手の業である」(一・一〇) である。

聖書の記述をあげてインクホーファーがおこなう論証をこれ以上続けることには意味がないだろう。彼の主張は次の一節に集約されている。「偶発的にか、ただわれわれに関する (たとえば神の怒りのような)、重要ではないものはすべて脇において、聖書の中で第一に意図されていることは、先にも言ったように、地球が絶対に動いていないということであり、いかなる運動もなく、その本来の位置に留まっているということである」(一三七頁)。数学的な証明は同僚のシャイナーに任せ、彼が偏執狂的な執着をもっておこなったのは、聖書の真理に照らして地球の不動は疑いないということであり、一六一六年にベラルミーノがおこなった異端留保も必要ないということである。

MELCHIOR(IS) INCHOFER
E. SOCIETATE IESV
AVSTRIACI,
TRACTATVS SYLLEPTICVS,
In quo,
QVID DE TERRAE, SOLISQ. MOTV, VEL STATIONE,
secundùm S. Scripturam, & Sanctos Patres sentiendum,
quauè certitudine alterutra sententia tenenda sit,
breuiter ostenditur.

ROMÆ,
Excudebat Ludouicus Grignanus MDCXXXIII.
SVPERIORVM PERMISSV.

図 10-1 インクホーファー『小論考』(1633 年) 表紙

こうした主張からもわかるように、インクホーファーはまったく凡庸な神学者に過ぎない。何の見るべき学識もないにもかかわらず、自分の名が歴史に刻み込まれたことを、このイエズス会士はいまガリレオに感謝しなければならないところだろう。しかしどんなに無能でも、無能な男は無能なりに処世の術は心得ているものである。彼は天動説の勝利を彼のパトロン、ウルバヌス八世の勝利として声高に宣言した。それは『論考』の奇妙な表紙に読み取れる。そこには「カクノモノニ不動ニ憩エリ」と書かれた垂れ幕の下に、地球が三匹の蜜蜂によってしっかりと支えられ、微動だにしない様子が描かれている（図10－1）。大地を内包する三角形は不動の三位一体を表すが、その三位をつかさどるのが蜜蜂であるのは、それがウルバヌス八世を出したバルベリーニ家のエンブレムだからである（図10－2）。インクホーファーはこの図像でウルバヌスが大地を支え、怪しげな邪説から守っていることを示してみせたのである。こうしたパフォーマンスをただの「ゴマすり」と一笑に伏すことはできない。インクホーファーはウルバヌス八世の信任が厚かっただけに、彼の主張は一定の影響力をもったかもしれない。

図 10-2　バルベリーニ家の家紋

「それでも動いている」

一六三三年六月二二日、ドミニコ会ミネルヴァ修道院でガリレオに対する判決は言い渡された。「先に名指された汝ガリレオは、本法廷に引き出され、上記の如く汝自身によって自説とされた事項によって、この聖なる検邪聖省で異端の疑いが濃いことを告げ、告知し、判断し、宣告する。汝は、太陽が世界の中心にあり、それが東から西へと運動するのではなく、また大地が運動し、世界の中心にないという、誤った、また聖なる神の書と相容れない教説を事実とし、信じた。また汝は、それが聖書と相容れないものであると宣告され確定された後も、その教説を支持し、弁護した。[16]」これに対しガリレオは、『天文対話』の目的はコペルニクス説の脆弱さを証明することであり、自らはプトレマイオスを信じていること、誤解を生むような書物を執筆したのは、「虚栄に満ちた野心、純然たる無知および不注意」であったと告白し、自説の撤回を約束した。[17]「異端者」の烙印を押され、歴史から葬られるのと、「異端の疑いが濃厚」とされるのでは天と地ほどの開きがある。この司法取引によって、彼は悔悛の誓いを立て、軟禁生活を受け入れることになり、拷問と火刑を逃れたのである。

ガリレオが「エップル・シ・ムオーヴェ」(それでも動いている)と宣誓の後でつぶやいたというのは有名な逸話であるが、事実ではなかろう。拷問と火刑と異端宣告のぎりぎりの淵にいた彼に、そのような反骨の気迫はなかったはずである。「それでも(地球は)動いている」という一言はむしろ、当時の科学者のつぶやき(あるいは遠吠え)だったのである。哲学者デカルトは当惑し、天文学者ピエール・ガッサンディーや数学者メルセンヌ、フェルマーが判決に不服を唱え、枢機卿バルベリーニは終始ガリレオの正当性を主張し続け、先に挙げた判決文に署名することを拒んだし、シエナの大司教ピッコロミーニも積極的に彼を弁護し、保護した。アルプスの北・南を問わず、ヨーロッパ中のガリレオの弟子や友人や崇拝者たちは教皇庁の判決にただただ失望し、「それでも……」とつぶやいたのだった。

この宣誓の後、ガリレオは「死人のように」なったことが伝えられている。もちろん彼自身自説の正しさには絶対的な自信をもっていた。しかし、科学者としてプライドと、カトリックへの帰依を否定されたことのショックから、彼は、「聖者の名簿から消された」と感じ、生きる屍同然となったのだ[18]。この重大な精神的危機から立ち直るために、ガリレオが没頭したのは力学だった。天文学に近寄ることの危険を十分理解した彼は、今度はパドヴァ大学教授時代から積み重ねてきた浮力の問題や、振り子や落下の法則によって、仇敵アリストテレスに対決を挑んだ。権力の暴力も迷信も科学者の魂を殺すことができなかったことは、ガリレオがふたたびサルヴィアチとサグレドとシムプリチオを呼び出して、彼らの対話によって物理法則を解き明かそうと試みているところに現れている。蟄居を命じられ、教会の監視下で執筆された、『新科学対話』はイタリア国境を越え、アルプスを越え、ライン川を下り、当時自由な出版が許されていた新教国オランダで一六三八年七月に出版された。地動説の正当性と、カトリックの正当性を信じたガリレオにとっては、プロテスタント諸国で自説が認められる一方、本国では軟禁生活を強いられたことは皮肉以上のものがあったろう。それに加え、兄弟や娘を相次いで疫病で失い、一人取り残されていく中、彼を決定的な孤独に突き落としたのは、それまで天体観測で酷使してきた眼が光を失ったことである。彼はその知性と観察によって、「古代人たちが見ていた宇宙の限界を百倍も、千倍も押し広げた」にもかかわらず、その宇宙は「圧縮され、縮小し、わずかに体に収まるだけの大きさになってしまった。[19]」一六四二年一月八日ガリレオ・ガリレイはアルチェトリの自宅で、わずかな家人に看取られて逝去した。

ガリレオの晩年の不幸は、彼の断罪以上のものだったのだろうか。物理学者の池内了は、もし彼がローマ教会に屈することがなかったら、歴史はどのように変わっていたのかという問いを投げかけている。[20]ガリレオは拷問で死ぬか、火刑に処せられたかもしれない。もちろん『新科学対話』は書かれず、科学にとっては大きな損失だったはずだが、しかしそれはいずれ誰かによって証明されたはずである。ガリレオの刑死はむしろ社会史的なものとなったであろう、と池内は推測する。彼の殉死によって民衆の科学に対する関心はより高まり、それにより公権力との軋轢はいっそう強くなったかもしれないが、科学は権力と対等に角突き合わせる勢力をもっと早く獲得したかもしれない。ガリレオを屈服させた教会が科学の真価を認めざるを得なくなるのは、それから二百年を経た産業革命期に入ってからだ。

ブレヒト作『ガリレイの生涯』と科学者の責任

しかしこうした空想は、産業技術社会が科学的真理の体現者なのかという疑問も投げかける。われわれが生きる社会は「遅れてきた」真の幸福の現実なのかという疑問をである。

ガリレオの屈服に科学者の責任を見た作家がいる。戦中戦後を劇作家として活躍したベルトルト・ブレヒト（一八九八－一九五六年）である。彼は『ガリレイの生涯』の中で、ガリレオを、理性と目で見たものしか信じない徹底した合理主義者として描く。[21] 理性は人間をゆっくりと、しかし確実に真理に目覚めさせるとガリレオは信じている。この絶対的な確信は、フィレンツェにペストが蔓延しても彼から研究熱を奪うことはない。生命の危険を顧みず、実験に没頭するガリレオの姿をブレヒトは英雄的な姿に描いている。科学的真理の前では、キリスト教の神の真理などちっぽけなものに過ぎない。枢機卿や神父や哲学者や異端審問官がいかに威張ろうとも明らかなものはやがて証される。何が真理なのかはともかく、とりあえず「仮面」をかぶっておくように勧める枢機卿に対してガリレオは言う。「真理とは時代の子供であって、権威の子供ではないのです」（第四景、九〇頁）。これに対して親友サグレドは忠告する。「ガリレオ、僕には君が恐ろしい道を歩いて行くのが見えるよ。人間が真理を見てしまう夜は、不幸になる夜だ、人類の理性を信じてしまう時は、目がくらんでいる時なんだよ。［…］真理を知ってしまった人間を、権力者が自由に歩かせると思うかい？」（第三景、七一頁）。前半でブレヒトが描くのは、権力と戦い、真理を告知しようとする預言者のようなガリレオである。彼は無神論者ではない。別の神を信じているのだ。

実際のガリレオは娘二人を修道院に入れるほど信心深かった。その一人が劇にも登場するヴィルジーニアである。ブレヒトは彼女を、婚約者を失い、父のもとに留まり、最期を看取る女性のように描いたが、実際のヴィルジーニアは物心がつくやいなや修道院に送られ、修道女チェレステとして生涯そこで過ごし、父に先だって亡くなっている。しかし教会との対決の中で彼を精神的に支え続けたのは紛れもなくチェレステであり、父親も娘の言う通り、神から無限に注がれる愛を信じていた。

コミュニストとしてファシズムと戦い、教会と対峙したブレヒトはガリレオのこうした一面をまったく顧みなかった。彼にとっては科学とは民衆の生活力に供するものでなければならない。貧しくあることを人間に強いる神などいるはずもなかった。第八景でガリレオは平修道士に、素朴な一般民衆にとって幸福とは何かと問いかける。農民出身の修道士は、農村の貧しい生活の唯一の慰めは、聖書が、「汗や忍耐や飢えや忍従などの一切を必然的なものと根拠づけている」ことだとする。堪えがたい現実を堪えるのが神の意志であると信じることだけが、この世の不幸を生き抜く術なのである。科学の功罪は、それが神に代わって、こうした労苦を軽減し、悲惨から解放してくれるからではなく、神が定めたこの世の貧困自体を完全否定しようとすることにある。いまさら聖書が間違いだらけだと証明してどうなるのかと修道士はガリレオに詰め寄る。「我々は誰にも導かれず、自分で自分の面倒をみて、このまま年老いて使い古されなければならないのかと？　周りには何の星も廻っていない、自立すらしていないちっぽけな星の上の、この世でのこの哀れな役割以外の役を、考えてくださるお方は、もういないのか？　われわれの悲惨には何の意味もなく、飢えは試練ではなく、ただ何も食べなかったというだけのことなのか？」（一四四頁）。これに対してガリレオは、幸福は裕福からつくりだされるのであり、豊かさは科学技術がつくりだすと主張する。新しい水汲みポンプの発明は、カンパーニャ地方の何千という貧しい農民を救うし、そのためには、「目の前の最大のメカニズム」である天体の運行に目をつむるわけにはいかないのである。

しかし、豊かさは技術の産物というプロレタリアート的主張は、反面ナイーブな科学技術崇拝と結びつく危険性も孕んでいる。ブレヒトがこの戯曲を戦中から戦後にかけて大幅に改作したことはよく知られている。そこにはアインシュタインの相対性理論が関係している。

一九二〇年代、$E=mc^2$ の単純な公式で量子物理学の帳を切って落としたアインシュタインは、ノーベル賞受賞（一九二一年）によって一躍時代の寵児となり、世界は新時代の到来に沸き立った。ブレヒトも彼の講演会にたびたび足を運んだらしいが、やがてファシズムに祖国を追われるユダヤ人物理学者に、やはり流浪の身のブレヒトが、ガリレオの姿を投影させたことは想像に難くない。しかし受難の科学者アインシュタインはやがてガリレオから切り離され、別に『アインシュタインの生涯』と題した戯曲が新たに構想される。これは彼を讃えるためではない。まったく正反対にブレヒトは彼を断罪する目的で、再び筆をとったのだ。病床で力つきる寸前まで、この作品の完成にこだわったのは、ガリレオ以上に罪深い科学者の罪を糾弾しなければならないと彼が感じていたからに他ならない。

アインシュタインはいうまでもなく、一九四五年八月の広島と長崎への原爆投下に責任がある。彼は一九三九年、時のアメリカ大統領ルーズベルトにナチスドイツに対抗するために原子爆弾を開発することを進言し、それがマンハッタン計画の立ち上げにつながった。核爆弾の人類への使用の報を聞き、ブレヒトのアインシュタインへの評価は一八〇度、悲劇の被害者から加害者へと転換する。そしてそれとともに、すでに上演もされていた『ガリレイの生涯』も改稿を余儀なくされる。彼は、真理を貫けず、拷問機械にたじろいで主張を撤回し、公権力の前に膝を屈した裏切り者となり、弟子たちを失望させたガリレオに、自己総括を迫る。謝罪は新しい著書『新科学対話』執筆のためには必要な方便だったとする弟子に対して、彼はかつて自分が科学者として唯一無二の可能性の前に立っていたにもかかわらず、「自分の知識を権力者に売り渡して」しまい、悪用を許したと告白する(第一四景、二四〇頁)。これは明らかにガリレオ批判ではなく、アインシュタインを初めとする当時の原子物理学者が科学者としての責任を放棄し、時の権力にすり寄って、科学を政治的に利用させてしまったことへの批判である。人類の幸福追求という、本来の社会的使命を忘れた科学者の典型としてガリレオは描き直されたのである。

ガリレオの転向を科学者の犯罪と見るべきか否かについては、評価は分かれる。ブルーメンベルクも指摘した、エドムント・フッサールによるガリレオ批判は面白い観点を提供している。フッサールは、ガリレオが自然認識からその成立基盤である直観を奪い、数式へと還元した結果、自然が生活世界から離れ、技術に堕したとした。科学は目の前にある課題を解決するために努力し、技術（テクネー）を生み出し、それが受け継がれて方法となり、さらなる課題を解決するが、その発展の過程でそれが解決すべきであった根源の問いを忘れてしまう。これに対し、根源的意味に立ち戻り、自然を生活世界から直観することは、科学に倫理的責任を課す。フッサールは、ガリレオにこの責任感が欠けていたとするのである。彼の変節はそうした技術偏重主義を象徴する出来事だったと解釈されうるかもしれない。

しかしブルーメンベルク自身は、ガリレオがそもそも新しい科学の創設者ではなく、コペルニクスやケプラーたちが提示したものを実証しようとしたに過ぎず、またその実証自体も多くの誤謬を含んでおり、「理論構成の点ではニュートンよりゲーテに近い」と評している[22]。確かに、既知の問題を検証して確かめることに徹した彼が、その計測結果にどれほど責任を負わなければならないか、自覚があったとは思えない。何枚もの自画像を描かせたことから、自意識の高い野心家だったことは見てとれるが、素顔のガリレオはワイン好きの美食家で、トスカナの陽に焼かれた赤ワインを片手に時折執筆をした。また土をこよなく愛し、お気に入りの革の前掛けをして暇さえあれば庭に出て、庭木の手入れをしている好々爺だった。『天文対話』で彼は、土と水はダイヤやルビーよりも貴重だと言っている。そんなに金属が好きなら、メドゥーサの首に出くわして、石に変えられるがいい、と。ダイヤやルビーを科学技術と読み替えられないだろうか。アインシュタインがファシズムからドイツを解放するために原子爆弾の開発に協力したが、やがて自分の作った兵器が祖国の人々をファシストもろとも地上から殲滅させることに気づいて、愕然としたのと同様に、信仰上誤ったプロテスタントに対し、カトリックの方が知恵において優位にあることを証明しようとして、かえってカトリックに自己矛盾を突きつける結果となったことを知って、ガリレオは口を閉ざしたのかもしれない。きらびやかな貴金属は知恵あるものの眼を眩ませるものだ。

［註］

第一章

1 Auswärtiges Amt. Abteilung A. Akten betr. Allgemeine Angelegenheiten Rußlands. Nr. 61, v. 1.7.1916 – 28. 2. 1917. Werner Hahlweg, Lenins Reise durch Deutschland im April 1917, in: Vierteljahrshefte für Zeitgeschichte 5 (1957), S. 307-332, hier S. 312.

2 シュテファン・ツヴァイク『人類の星の時間』（片山敏彦訳）、みすず書房、一九九六年、「封印列車　レーニン　一九一七年四月七日」、三七三頁以下。

第二章

1 リーザ・フィトコ『ベンヤミンの黒い鞄　亡命の記録』（野村美紀子訳）晶文社、一九九三年。

2 シュテファン・ツヴァイク『書痴メンデル』（関楠生訳）、ツヴァイク全集第三巻、みすず書房。

3 ハンナ・アーレント『われら難民』（『アイヒマン論争』収録）みすず書房、四三頁。

4 ハンナ・アーレント『シュテファン・ツヴァイク』（『アイヒマン論争』収録）みすず書房、一二〇頁。

第三章

1 Pierre des Vaux-de-Cerney, Kreuzzug gegen die Albigenser, Darmstadt 1996, p. 75-82.

2 フェルナン・ニール『異端カタリ派』（渡邊昌美訳）白水社、二〇一〇年、八七頁以下。

3 以下の古楽演奏のCDは、アルビジョア十字軍の悲劇を歴史的資料と古楽演奏を織り交ぜて描いており、臨場感をもって楽しめる。Le royaume oublié. Le croisade contre les albigeois. La tragédie cathare.（『忘れられた王国。アルビジョア十字軍。カタリ派の悲劇』）Aliavox 2009, p. 497.

4 Urte Bejick: Die Katharerinnen. Häresieverdächtige Frauen im mittelalterlichen Süd-Frankreich. Freiburg i. Br./ Basel/ Wien 1993, p. 45.

第四章

1 C. Stephen Jaeger, Enchantment. On Charisma and the Sublime in the Arts of the West, Philadelphia 2012, pp. 127.

第五章

1 中野孝次『清貧の思想』草思社、一九九二年。
2 小林公『ウィリアム・オッカム研究』勁草書房、二〇一五年、七頁以下参照。
3 Petrus Johannis Olivi, Über die menschliche Freiheit, ed. by Peter Nickl, Freiburg/ Basel/ Wien 2006, pp. 8-11.
4 邦訳はないが、マッギンの英語の抄訳はある。Bernard McGinn, Apocalyptic Spirituality, New York/ Ramsey/ Toronto 1979.
5 『薔薇の名前』（下）、一三六頁以下参照。
6 Jean-Paul Laurens (1838-1921) はアカデミー様式の第一人者で、歴史物を得意としたが、特に、宗教裁判に批判的な絵を多く残した。当該の作品は、トゥールーズのオーギュスタン博物館蔵。
7 Josef Koch, Die Verurteilung Olivis auf dem Konzil von Vienne und ihre Vorgeschichte, in: Josef Koch: Kleine Schriften, Vol. 2, Roma 1973, pp. 191-223, esp. p. 205.
8 Franz Ehrle, Petrus Johannes Olivi, sein Leben und seine Schriften, in: Archiv für Literatur- und Kirchengeschichte des Mittelalters, Bd. 3, Berlin 1887, pp. 409-552, here pp. 441.
9 パリの国立図書館にある写本（lat. 3381A）はオリヴィの命題を調査した神学者の報告書であり、この欄外にあるメモは教皇ヨハネス二二世のものとされているが、報告書自体の執筆者が誰であるかは特定されていない。ヨーゼフ・コッホは教皇の神学顧問であったドミニコ会士ロダンのギョームと考えたが、パトリック・ノルドは教皇により近かったアウグスティヌス隠棲修道会士ルッカのグレゴールとした。本稿では後者の仮説をとる。Patrick Nold, New Annotations of Pope John XXII and the Process against Peter of John Olivi、s Lectura super Apocalipsim, in: Oliviana (Mouvements et dissidences spirituels XIIIe-XIVe siècles, 4 (2012).

10 Ehrle, p. 456.

第六章

1 オッカムの政治論集には次の翻訳を使った。Wilhelm von Ockham, Dialogus. Auszüge zur politischen Theorie, ed. Jürgen Miethke, Darmstadt 1992.

2 小林公『ウィリアム・オッカム研究』勁草書房、二〇一五年。

第七章

1 プファイファー版ドイツ語説教第二二番　Deutsche Mystiker des 14. Jahrhunderts, vol. 2 (Meister Eckhart), Franz Pfeiffer (ed.), Aalen 1991, p. 91, 24-30.

2 スタンダール『南仏旅日記』（山辺雅彦訳）新評論、二七七頁。

3 スタンダール『ある旅行者の手記』（山辺雅彦訳）第一巻、新評論、一九八三年。

4 エックハルトの断罪を新視点から解釈した研究として Yoshiki Koda, Köln-Toulouse-Avignon. Die Verurteilung Meister Eckharts im Kontext der thomistischen Tradition in Südfrankreich. In: Mystik, Recht und Freiheit. Religiöse Erfahrung und kirchliche Institutionen im Spätmittelalter, Dietmar Mieth/ Britta Müller-Schauenburg (edd.), Stuttgart (Kohlhammer), p.96-122. また異端審問の経過については、拙著『マイスター・エックハルト　生涯と著作』創文社、二〇一一年を参照。

5 Annelise Maier, Eine Verfügung Johanns XXII. über die Zuständigkeit der Inquisition für Zaubereiprozesse. In: Ausgehendes Mittelalter II, Roma 1967, pp. 59-80, here p. 59.

第八章

1 D. Martin Luthers Werke. Kritische Gesamtausgabe (Weimarer Ausgabe = WA), Bd. 2 (Tischrede = T), Weimar 1937. 以下ルター全集からの引用はWAあるいはWATと表示する。

2 ルター『義認に関する討論』（一五三六）、『ルター神学討論集』（金子晴勇訳）収録、教文館、二〇一〇年二〇五－二一七頁、二〇八頁。

3 ルターとエックハルトの関係については次の論文を参照。Alois M. Haas: Luther und Mystik, in: Deutsche Vierteljahrsschrift, Heft 2 (1986), pp. 177-207. 特に註四五。

4 エックハルトの底本として以下の二書を使った。Meister Eckhart Deutsche Werke (DW), Bd. VI/1 (Predigten), Georg Steer (ed.), Stuttgart 2003; Meister Eckhart. Deutsche Predigten und Traktaten, Josef Quint (ed./ trsl.), Darmstadt 1969.

5 別の説教でエックハルトはこの静寂を「沈黙」と表現している。ドイツ神秘思想における沈黙については以下の書を参照。香田芳樹『マイスター・エックハルト　生涯と著作』創文社、二〇一一年、一九〇ページ以下。

6 クライスト『ミヒャエル・コールハースの運命　或る古記録より』（吉田次郎 訳）、岩波書店、一九九〇年、四一－二頁。なお、引用はすべて原典から著者がおこなった。

7 エルンスト・ブロッホ『トーマス・ミュンツァー　革命の神学者』（樋口大介・今泉文子訳）、国文社、一九八二年、一四九ページ。

8 Sendbrief vom Dolmetschen. WA 30/2, p.644.

9 マルティン・ルター『ルターのテーブルトーク』（藤代幸一編訳）、三交社、二〇〇四年。

10 ルターと視覚メディアの関係については次の研究を参照。Horst Wenzel, Luthers Briefe im Medienwechsel von der Manuskriptkultur zum Buchdruck. In: Audiovisualität vor und nach Gutenberg, edd. Horst Wenzel etc., Wien 2001, pp. 185-201. 森田安一『ルターの首引き猫　木版画で読む宗教改革』山川出版社、一九九三年。

第九章

1 友人バルタザール・ヴァルターに宛てた一六二〇年一〇月八日付の書簡。Jacob Böhme, Sendbriefe, in: Die Urschriften, 2 vols., Werner Buddecke (ed.), Stuttgart-Bad Cannstatt 1966, vol. 2, pp. 399-402.

2 アブラハム・フランケンベルク宛 一六二三年二月二〇日の書簡。『神智学書簡』第四一番、追伸三［註7、XXI, p. 147］。

3 C・ヴェロニカ・ウェッジウッド『三十年戦争』（瀬原義生訳）刀水書房、二〇〇三年、四四四頁以下および五五七頁。

4 ウェッジウッド、五五頁。

5 Charles Andrew Weeks, Jacob Boehme and the Thirty Year、s War, in: Central European History, Vol. 24, 3 (1991), p. 213-221. 以下の歴史的考察の多くはこの研究によっている。

6 Jacob Böhme, Theosophische Send-Briefe (1618-1624), Sämtliche Schriften XXI, Will-Erich Peuckert (ed.), ep. 4, p. 16. ベーメの著作集としてはこの Peuckert 版を使用し、註1の Buddecke 版で適宜補った。

7 Jacob Böhme, Sendbriefe, p. 401. ［註1参照］

8 ウェッジウッドは、「ヨハン・ゲオルクは［…］少なくとも誠実な意志をもった生涯であった。［…］後世、彼を裏切り者と非難することはできないであろう」（五六八頁）と述べている。彼は三十年戦争のすべてを看取り、一六五四年ドレスデンの宮廷で亡くなった。

9 ベーメ『神智学書簡』第六二番、一〇。同第六四番、四を参照。[註6を参照]

10 Abraham von Frankenberg: Historischer Bericht von dem Leben und Schriften Jacob Böhmens, in: Jacob Böhme, Sämtliche Schriften, vol. 10, Stuttgart 1961, I-27, p. 20.

11 Frankenberg 前掲書、I-4, p. 7.

12 Frankenberg 前掲書、I-9, p. 9.

13 南原実『ヤコブ・ベーメ　開けゆく次元』牧神社、一九七六年、二九頁以下。

14 『黎明』はおおむね以下の翻訳によったが、一部改訳した箇所もある。『アウローラ　明け初める東天の紅』(薗田担訳)創文社、二〇〇〇年。

15 これについては以下の書に詳しい。田中仁彦『デカルトの旅/デカルトの夢　「方法序説」を読む』岩波書店、一九八九年。

16 ルネ・デカルト『方法序説』(谷川多佳子訳)岩波書店、二〇一一年。

17 スタンダール『南仏旅日記』(山辺雅彦訳)新評論、一九八九年、六一頁以下。ただし一部改訳した。

18 ベーメ『神智学書簡』第五三版、一五節[註6, XXI, p. 215]。

19 岡村康夫『無底と戯れ　ヤーコプ・ベーメ研究』昭和堂、二〇一二年、一五九頁。

20 『神智学書簡』第五三番、五-八節、[註6, XXI, p. 214]。

21 同第五〇番、七節、[註6, XXI, p. 207-210]。

22 Bo Andersson, Jacob Böhmes polemischer Konflikt mit Gregorius Richter, in: Offenbarung und Episteme, W. Kühlmann (edds.), Berlin/ Boston 2012, p. 33-46.

23 以下の記述は次の研究に負う。Sibylle Rusterholz, Jacob Böhme im Licht seiner Gegner und Anhänger. Die zentralen Argumente der Streitschriften von ihren Anfängen zu Lebzeiten Böhmes bis zum Ende des 17. Jahrhunderts, in:

Offenbarung und Episteme. Zur europäischen Wirkung Jakob Böhmes im 17. und 18. Jahrhundert, hrsg. von Wilhelm Kühlmann und Friedrich Vollhardt, Berlin (de Gruyter) 2012, p. 7-32.

24 クールマンの思想と生涯については以下の書を参照。岡部雄三『ヤコブ・ベーメと神智学の展開』岩波書店、二〇一〇年、一〇五―一三七頁。

25 Rusterholz, p. 12. 〔註23参照〕

26 『ベーメ小論集』（薗田 坦、松山康國、岡村康夫訳）創文社、一九九四年、三三三頁。

27 ニコラス・デ・ラーンジュ『ユダヤ教入門』（柄谷凜 訳）岩波書店、二〇〇二年、二三九頁以下参照。

28 Jacob Böhme, Mysterium Magnum, oder Erklärung über Das Erste Buch Mosis, cap. 8. 24, XVII, p. 44. ルシフェルについては以下の研究を参照。Herbert Deinert, Die Entfaltung des Bösen in Böhmes Mysterium Magnum, in: PMLA, vol. 79, 4 (1964), p. 401-410.

29 同書第九章六節、XVII, p. 48.

30 同書第一七章三〇節。XVII, p. 113.

31 以下の記述は次の研究に負う。富田 裕「ヤーコプ・ベーメにおける身体性―その聖霊論的展開―」『上智大学ドイツ文学論集』第三二号一九九五年、八三―九七頁。

32 アーサー・ラヴジョイ『存在の大いなる連鎖』晶文社、一九七五年、七〇頁。

33 Jacob Böhme, Schutz-Rede wieder Gregor Richter (1624), 14-16, XII, p. 365f.

34 Gerhard Wehr, Jakob Böhme, Hamburg 1980, p. 86.

35 岡部、一二頁以下。〔註24を参照〕。

36 アーノルトのソフィア理解については、同じく岡部前掲書一八頁以下参照。

37 ペーターセンについては以下の研究を参照。Lucinda Martin, Jakob Böhmes »göttliche Sophia« und Emanzipationsansätze

bei pietistischen Autorinnen, in: Offenbarung und Episteme, W. Kühlmann (edds.), Berlin/ Boston 2012, p. 241-257. また Martin はペーターセンと並ぶ女性神秘家として、スザンナ・マルガレータ・シュプレーゲル (Susanna Margaretha Sprögel) をあげている。

38 Johanna Eleonora Petersen, Leben Frauen Joh. Eleonora Petersen, 1718, 68ff.［註37の Martin の研究書、p. 251 から引用］。

第一〇章

1 Lynn Thorndike: Newness and Craving for Novelty in Seventeenth-Century Science and Medicine, in: Journal of the History of Ideas 12 (1951), p. 584-598.

2 デーヴァ・ソベル『ガリレオの娘　科学と信仰と愛についての父への手紙』（田中勝彦訳）株式会社ＤＨＣ、二〇〇二年、一〇三頁。

3 『ガリレオの娘』一〇七頁以下。

4 『天文対話』（青木靖三訳）上巻、岩波書店、一九五九年、「読者諸賢へ」一四頁。

5 『天文対話』上巻、一七七頁。

6 同下巻、六九頁以下。

7 『天文対話』上巻、一〇〇頁。

8 『ガリレオの娘』、二五一頁。

9 『天文対話』下巻、二五五頁。

10 ハンス・ブルーメンベルク『コペルニクス的宇宙の生成』第二巻（小熊正久他訳）法政大学出版局、二一〇頁。

11 『ガリレオの娘』、三二四頁。ウルバヌス八世はガリレオがこの誓約をあえて隠して出版許可を得たことに腹を立てたとも考えられる。

12　イエズス会士の数学者クリストフ・グリーンベルガー(Ch. Grieberger)の次コメントは注目に値する。「もしガリレオがこの学院の神父たちとの友情を保っていれば、彼は世間的な名誉にあずかっており、不幸な事態を招来することもなかったであろう。地球の運動も含めて、どんな話題についても自由に著作し続けることができただろう。」(Galileo Galilei [Letter to Elio Diodati], Florence; July 25, 1634, in Le Opere di Galileo Galilei, ed. A. Favoro, XVT, p. 117. Michael John Gorman, A Matter of Faith, Christoph Scheiner, Jesuit Censorship, and the Trial of Galileo, in: Perspectives on Science, Fall 96, Vol. 4, p. 283-320, p. 286 より引用。

13　Pietro Redondi, Galilei, der Ketzer, (transl. Ulrich Hausmann), 1991 München, 255f.

14　『ガリレオの娘』、三二七頁。

15　『小論考』の翻訳は以下を参照。A Summary Treatise Concerning the Motion or Rest of the Earth and the Sun, in which it is briefly shown what is, an what ist not, to be held as certain according to the teachings of the Sacred Scriptures and the Holy Fathers, transl. by Richard J. Blackwell, in: Richard J. Blackwell, Behind the Scenes at Galileo、s Trial, Notre Dame/Indiana 2006, pp. 105-206.

16　G. Galilei, Opere, ed. A. Favaro et. al., Floreny 1890-1909, vol. XIX, p. 405.『ガリレオの娘』、三四九頁以下。

17　『ガリレオの娘』、三五二頁。

18　同書、四〇〇頁。

19　同書、四四九頁。

20　池内了『現代科学の歩きかた』　河出書房新社、二〇一三年、一七七頁以下。

21　ベルトルト・ブレヒト『ガリレオの生涯』(谷川道子訳)　光文社、二〇一三年。

22　ブルーメンベルク前掲書第二巻、一八六頁以下。

魂深き人——あとがきにかえて

西欧の反抗者たちを描いたささやかな本書を、ある偉大な日本人作家との出会いで締めくくることには意味がある。それは何よりこの本が日本人の読者に向けて書かれたものだからだ。異を唱えることがあたかも罪であり、みなと同じようにできないことがあたかも社会不適合のように見なされるこの国の風土に、こうした本を投じることの意味を、書きながら何度も自問せざるを得なかった。モンテーニュの言うように、慣習に従ってこそ人の世は本来あるべき姿に自然と落ち着くのなら、わたしの書いた反抗者たちは自然の理に逆らって自ら破滅した愚かな人間たちに過ぎなくなる。郷に入りては郷に従えと言う。右顧左眄しながら波風立てないことを幸福と呼ぶ村の住人たちには、わたしは丘の上で叫ぶ狂人にしか見えないだろう、と。

だが日本にも、小さなモラリストであることをやめた作家がいる。『苦海浄土』という作品で、日本資本主義の巨悪に立ち向かった石牟礼道子さんだ。彼女は、沈黙を強いられた人たちの叫びをこの人たちにかわって叫ぶために、ペンをとった。その人のことを思えば、わたしの重いペンはずいぶん軽くなった。そんなときその人に会える機会がめぐってきた。

小さな老人ホームの門をくぐると、おそい南国の日ざしがレースのカーテンを通してバリアフリーのフロアを照らしている。二人ほど老人が昼下がりの時間をヘルパーと過ごしている。建物は静寂と孤独に包まれている。ここへの道すがら、バスは屋根に青シートをかけた家屋をすりぬけて走った。二〇一六年四月に起きた熊本大地震の爪痕だ。老いた街が怪我をしたような光景がいくつも車窓を過ぎていった。

石牟礼道子さんは車椅子にのって、午後の静かな食堂に現れた。その気配があまりにかすかだったので、わたしは目の前にいる白髪の女性が石牟礼さんだとはすぐに気づかなかった。修練者のような風格。『苦海浄土』という巨塊を背負った作家は、いまは車椅子に静かに身を預けていた。昭和二年生まれ、八八歳。半世紀にわたって、水俣病という悲惨と向き合ってきた石牟礼さんは「闘士」と呼ぶにふさわしいが、彼女の書くものはそれとは正反対に不思議な静寂に包まれている。水俣病はいうまでもなく、戦後最大の公害病で、認定されただけでも二二八二人の患者（二〇一六年九月現在）と、認定外であるが後遺症をもつ患者を含めれば五万人以上が、メチル水銀の毒牙にかかって命を失い、苦しみ、いまも苦しみ続けている。

「わたくしが昭和二十八年末に発生した水俣病事件に悶々たる関心と小さな使命感を持ち、これを直視し、記録しなければならぬという盲目的衝動にかられて水俣市立病院水俣病特別病棟を訪れた昭和三十四年五月まで、新日窒水俣肥料株式会社は、このような人びとの病棟をまだ一度も（このあと四十年四月に至るまで）見舞ってなどいなかった。」（『石牟礼道子全集』不知火　第二巻、藤原書店　二〇〇四年、一〇六頁）

突然発病し、歩行困難になり、言語障害や視野狭窄が起き、茶碗も箸ももてず、屎尿の処理もままならず、全身痙攣に襲われ、おめきながら、眼を見開いて狂い死ぬ人々。人が人の世からこぼれ落ちて、生きながら地獄に沈むような惨状を目の当たりにして、それまで「一主婦」に過ぎなかった石牟礼さんは、筆に覚えのないままそれを書き取ろうと決意する。それは彼女にとってまるで、布に染料を定着させるような根気のいる作業だったはずである。痛みに身をよじって悶絶する人々の姿を、普通の言葉で書きとることなどできるはずもないが、石牟礼さんは感情の言葉を極端に抑えて、痛みも怨みも、医師の診断書も、行政の通達も等しく自分の世界に織り込んでいく、独特のドキュメントスタイルを作りあげた。それは悲しみや憤りを叫ぶのではなく、患者の生きる姿を書き取る。彼女はそれをこう表現する。

「目くらで、唖《おし》で、つんぼの子が創った目の穴と、鼻の穴と、口の穴のあいている人形《ひとがた》のような、人間群のさまざまが——。それらの土偶の鋳型を、わたくしはだまってつくればよい。」

（同二一〇頁）

彼女はこの本の中で怒っている。心底怒っている。それは内海で平和に漁業に従事していた漁師の怒りと等しい。座り込みをし、工場になだれ込み、機械を破壊し、社員たちを殴り、「ダイナマイトを抱いて工場と心中する」と叫ぶ海の男たちの怒りを、石牟礼さんはまるで行動を共にしているかのように、熱く書き取っていく。

チッソは日本帝国主義と歩調を合わせるように急成長を遂げ、昭和初期には三井や三菱と肩を並べる新参財閥にまでのし上がった。それまで塩田と漁業が頼りだった小さな町は、この企業が来ると一転、巨大な企業城下町へと変貌する。ここでは「会社」といえば、チッソを指した。周知のように、水俣病患者を見捨て、被害を拡大させた責任は企業や行政だけにあるのではなく、当の水俣市民にもあった。彼らに、零細漁民数名の訴えに耳を傾けて、豊かで安定した生活を保障してくれる大恩人に弓を引くことなどできるはずはなかった。町は一丸となって患者を抑えこもうとする。水俣病との闘いは同時に水俣市民との闘いでもあった。町を敵にまわしての闘争に、一主婦が勝てるわけがない。市長に写真展の開催を願い出て断られ、熊本日日新聞にも断られ、雑誌を創刊して大借金を抱え、上京して高群逸枝の勉強会に足を運び、富田八郎（とんだやろう）こと東大助手宇井 純のもとで水質汚濁について学び、国際環境会議の成果を勉強する。すべてが試行錯誤で成果はなかなか現れない。しかし死者を指折り数えて待つことはしないと決めた主婦は、家族を養い、豚にえさをやりながら、決して折れることなく日本資本主義の悪を暴き、書き続ける。「主婦」であるとは彼女の抵抗の原点であり、水俣病と向き合うための絶対条件であるように思える。真実は弱者の口にこそ身を委ねるからだ。そして口もきけない水俣病患者にこそそれを語ることが許される。

水俣病患者がもっとも弱き者であることは疑いないだろう。彼らは人間の苦しみの象徴的存在だ。家族の苦悩、訴訟原告の苦悩、支援者の苦悩、それどころか被告チッソの苦悩さえも患者は象徴しているが、しかし彼らは自分の苦悩を語るものたちではない。痛みは彼らのものではないからだ。

この大きな矛盾に石牟礼さんは神的なものを見た。そして『苦海浄土』は他者の痛みを引き受け、自分の痛みを語らないものたちの記録となった。奇形児として生まれ、司法解剖で切り刻まれた子は何も語らない。あるいは第四章「天の魚」に描かれる杢《もく》太郎少年は何をか語ろうか。胎児性水俣病患者として生まれた少年は、四肢が麻痺し、言葉をもたず、一人で用も足せず、天を仰いで地を這いまわる。二人の兄弟は幸い発症を免れたが、頼りとなるはずだった父も病に冒され、一家は大黒柱を失った。老いたじじとばばが生活保護とわずかな漁で生計を支えている。わが身をあつかいきれない子は、一日古畳の上を這いずりまわり、皮膚が破れて血まみれになり、糞尿にまみれて夏は悪臭の中に、冬はふるえて転がっている。じじは言う。「親兄弟にでも、人間尻替えて貰うとは赤子のときか、死ぬときか。兄貴も弟も、やがては嫁御を持たにゃならん。そんとき、これが、邪魔になりゃせんじゃろか。そんときまで、どげん生きとれちゅうても、わしどま生きられん」（同一五一頁）。母親はどうしたのか。母は物言わぬ息子を見捨てて、別の男のもとに走った。それをじじが追う。「わしが杢ば背負うていって、戻ってくれいと頼うだのもふり切って、帰らんちいい切った」（同一四九頁）。数えで十になる杢が母を想わないはずはない。老祖父母は彼のために母を神様にして神棚に上げて、「杢よ毎日拝めよ」と諭す。母を母として慕ってはならない。頼る気がでればこの先は地獄だからだ。――だから鬼の母女《カカジョ》を神にした。怨讐のきわまるところに敵は神となる。ならば、もっとも低きものも、もっとも虐げられたものが仏になれないはずはあるまい。

「あねさん、この杢のやつこそ仏でござす。こやつは家族のもんに、いっぺんも逆らうちゅうこつがなか。口もひとくちもきけん、めしも自分で食やならん、便所もゆきゃならん。それでも目はみえ、耳は人一倍ほげて、魂は底の知れんごて深うござす。一ぺんくらい、わしどもに逆ろうたり、いやちゅうたり、ひねくれたりしてよかそうなもんじゃが、ただただ、家のもんに心配かけんごと気い使うて、仏さんのごて笑うとりますがな。それじゃなからんば、いかにも悲しかよな眸《め》ば青々させて、わしどもにゃみえんところば、ひとりでいつまっでん見入っとる。これの気持ちがなあ、ひとくちも出しならん。何ば思いよるか、わしゃたまらん」（同一五五－六頁）。

石牟礼さんの描くのは、悲惨と怨讐の世界だが、これは、患者の体からメチル水銀が抜けない以上、どちらかがどちらかに打ち勝つということのない無限対立の世界だ。『苦海浄土』がそれにもかかわらず、恐ろしい静けさをたたえているのは、それが悲惨と怨讐の対立を解決しようとはしていないからだ。終生続く苦しみと怒りが解けるはずはない。解くのではなく、『苦海浄土』は神仏を呼びだすことによって、人の世の尺度を超える。神仏とはいうまでもなく、当の患者である。痛みを訴えることをやめた魂は深く、かつ木仏のように軽くなる。臼井隆一郎が『苦海浄土論　同態復讐法の彼方』（藤原書店　二〇一四年）で言うように、『苦海浄土』の求めるものが、目には目を歯には歯をの「同態復讐法」であったなら、それはある種の解決を期待していることになる。法とは決着を必要とするものだ。そうではなく、『苦海浄土』が言いたいのは、期待がすべて裏切られるところでなお「汝、生きるべし」との命令に従う人がたどりつくのが、復讐ではなく、犠牲、すなわち暴力を贖《あがな》って無効にする死だということだ。贖うがゆえに、全身折れ曲がって地を這いまわる杢が「魂の深か子」なのであり、十字架上のイエス・キリストが救世主なのであり、狂乱の中で巫女に弑《しい》されるディオニュソスが神なのである。暴力に暴力で立ち向かう以上、いかなる抵抗であろうとも、畢竟それは自然に対する不自然な抗力に過ぎない。しかしそれが自己犠牲も厭《いと》わなければ、抵抗は殉教の名のもとに聖別される。

『苦界浄土』が深い宗教的境地から書かれていることは間違いない。それは石牟礼さん自身が幼女にしてすでに得意な憑依を体験し、まわりからキチガイの子と呼ばれて育ったことと関係しているのかもしれない。しかしそれだけではあの作品は生まれなかったであろう。彼女は神の声を聴くのをやめ、「一主婦」となり、闘争に身を投じ、患者の声なき叫びを聞くことに自身の霊感を振り向けたとき、作家石牟礼道子となったのである。無力なものだけが罪を贖うことができる。この点で石牟礼さんも杢も同じ魂の人なのだ。

わたしたちを前に石牟礼さんは水俣ではなく、少女時代の想い出を語った。それはまるで昨日のことを話すような、楽しげな表情だった。人生の大半を得体の知れない病と企業との闘いに捧げた作家は、いま老人たちと同じ時間を過ごしながら、チッソの向こうにある自分の原風景に戻っていこうとされているのか。途中わたしたちに気を遣って、石牟礼さんはヘルパーにしきりに何かを促す。自分だけお茶を飲んでいては悪いから、この人たちにも出すように言ったのだ。優しい心遣い。風邪気味で体調がすぐれないからそろそろお願いします、とヘルパーに促されて、一番がっかりしたのは石牟礼さんだった。バスがいよいよ出ようというときになっても、彼女は玄関から離れず、扉のガラス越しに車椅子の上からわたしたちにずっと手を振りつづけていた。その姿を見たとき、わたしは、自分以外のだれかに命を差し出した人の人生は報いられるのではないかという気がした。

確かに杢も、石牟礼道子も、オッカムも、オリヴィも、エックハルトも、ルターも、ベーメも、モンタイユの農民も、抵抗の動機も相手も方法もまったく異なっているが、みな殉教者のような風貌をしている。彼らの魂が深いのは、それが死と触れ合うほどの痛みに達していたからだ。死と触れあった魂は自ずと深い。それがこの本の表題の意味だ。

本書は『魂の脱植民地化』叢書の一つとして刊行された。この魅力的な企画にお誘いいただいた、安冨 歩さん（東京大学教授）と深尾葉子さん（大阪大学准教授）にまず感謝したい。お二人の刊行の言葉が言うように叢書は、「魂の作動を阻害する暴力を解明し、その解除を実現する方途を明らかにしようとする」ことを目的としている。巨大な暴力システムに取りこまれれば、純粋だった魂もいつの間にか植民地人とされるか、あるいは最悪の場合はすすんで植民地の刑吏となり、新たな植民地開拓に協力するようになる。叢書の目的は魂をそうした悲劇から救い出し、もとの純粋な姿に戻してやることだと考える。西欧の反骨者たちが、そうした脱植民地化運動の旗手であったことが伝われば、望外の喜びである。

また学術書の出版に逃げ腰の出版社が多い中、背筋を伸ばして良書を世に送り続ける青灯社の辻一三さんには敬意をこめて心から感謝したい。辻さんの辛口コメントのおかげで、この本はだれが手にとっても理解できるわかりやすいものになった。また編集の労をおとりいただいた山田愛さんにもお礼申し上げる。

最後に、苦労しても遅々として筆がすすまない時間が長く続いたが、そんなとき妻温子の励ましが何よりの救いであった。家事も子育ても公務もそつなくこなしながら、わたしの我儘もきくのは並の忍耐ではできないことだろう。ここに記して感謝したい。

二〇一七年一月

香田芳樹

［著者］香田芳樹（こうだ・よしき）　慶應義塾大学文学部教授。文学博士（広島大学）、Ｐｈ．Ｄ．（スイス・フライブルク大学）。著書『マイスター・エックハルト　生涯と著作』（創文社）、編著『〈新しい人間〉の設計図　ドイツ文学・哲学から読む』（青灯社）、翻訳書『マクデブルクのメヒティルト　神性の流れる光』（創文社）等。

魂深き人びと

西欧中世からの反骨精神

2017年3月20日　第1刷発行

著　者　香田芳樹

発行者　辻　一三

発行所　株式会社青灯社

東京都新宿区新宿 1－4－13

郵便番号 160－0022

電話 03－5368－6923（編集）

　　 03－5368－6550（販売）

URL http://www.seitosha-p.co.jp

振替　00120－8－260856

印刷・製本　モリモト印刷株式会社

Printed in Japan

ISBN978－4－86228－092－3 C0016

小社ロゴは、田中恭吉「ろうそく」（和歌山県立近代美術館所蔵）をもとに、菊地信義氏が作成

『叢書 魂の脱植民地化』刊行のことば

編者 安冨 歩／深尾葉子

何かを知りたいという、人間の本性の作動は、知ろうとする自分自身への問いを必然的に含む。対象への真摯な探求を通じて、自らの真の姿が露呈し、それによって更なる探求が始まる。これが知ることの本質であり、これによって人は成長する。この身体によって実現される運動を我々は「魂」と呼ぶ。

この作動の停止するとき、「知」は単なる情報の集積と抽出へと堕落する。記述された情報の明示的操作に、知識の客観性を求めようとする「客観主義」は、魂の弱さの表出に過ぎず、その惰弱が知を堕落させる。対象に関する情報のみを記述し、自らの存在を押し隠すことは、客観性を担保するものではなく、実のところ、自己を傍観者という安全地帯に置く卑怯に過ぎない。この堕落が「魂の植民地化」である。植民地化された魂は、自らであることに怯え、罪悪感にまみれて暴走する。

「魂の脱植民地化」とは、この〈知〉の円環運動の回復にほかならない。それは、対象への問いを通じて自らを厳しく問う不断の過程であり、修養としての学問という、近代によって貶められた、人類社会の普遍的伝統の回復でもある。「魂の脱植民地化」研究は、この運動を通じて、魂の作動を阻害する暴力を解明し、その解除を実現する方途を明らかにしようとする学問である。

そのために必要なことは、問う主体を含んで展開する、対象との応答全体の厳密な記述である。それこそが、読む者にとって有益な、真の意味での「客観的記述」ではあるまいか。『叢書 魂の脱植民地化』はそのような客観的記述のために刊行される。

「叢書 魂の脱植民地化」（安冨歩／深尾葉子編集、第１期全６巻）

《学会の閉塞状態の原因は、「学術ダム」にある。人間の情動や感情を無視し、そこからとり出される「客観的知識」だけを実在と見做す学問観そのものに、本質的な無理がある。知識は、どこまで行っても個人的なものであって、人々の「真理を知りたい」という情熱を抜きにしてはそもそも存在しえない。その事実を受け入れるところからしか、学問が堕落から抜けだす道はない。これが「魂の脱植民地化」という学問の精神である。・・・それは、近代によって封印された、人類に普遍的な生きる知識の回復であると言っても良い。それは、学問のみならず、社会全体の創造性を豊かにする、思想運動でもある。》

——安冨 歩（『魂の脱植民地化とは何か』序より）

シリーズ既刊

『魂の脱植民地化とは何か』（第１巻、 定価2500円＋税、以下同）
深尾葉子（大阪大学大学院経済学研究科准教授）

『枠組み外しの旅——「個性化」が変える福祉社会』（第２巻）
竹端 寛（山梨学院大学准教授）

『合理的な神秘主義——生きるための思想史』（第３巻）
安冨 歩（東京大学東洋文化研究所教授）

『他力の思想——仏陀から植木等まで』（第４巻、定価2200円＋税）
山本伸裕（東京大学東洋文化研究所特任研究員）

『理性の暴力——日本社会の病理学』（第５巻、定価2800円＋税）
古賀 徹（九州大学准教授）

『自閉症者の魂の軌跡——東アジアの「余白」を生きる』（第6巻、定価2500円＋税）
真鍋祐子（東京大学東洋文化研究所教授）

●青灯社の本●

普天間移設 日米の深層
琉球新報「日米廻り舞台」取材班
定価1400円+税

ふたたびの〈戦前〉
——軍隊体験者の反省とこれから
石田 雄
定価1600円+税

自分で考える集団的自衛権
——若者と国家
柳澤協二
定価1400円+税

日本人のものの見方
——〈やまと言葉〉から考える
山本伸裕
定価2500円+税

知・情・意の神経心理学
山鳥 重
定価1800円+税

16歳からの〈こころ〉学
——「あなた」と「わたし」と「世界」をめぐって
高岡 健
定価1600円+税

残したい日本語
森 朝男/古橋信孝
定価1600円+税

「二重言語国家・日本」の歴史
石川九楊
定価2200円+税

9条がつくる脱アメリカ型国家
——財界リーダーの提言
品川正治
定価1500円+税

〈新しい人間〉の設計図
ドイツ文学・哲学から読む
香田芳樹 編著
定価3200円+税

子どもが自立する学校
——奇跡を生んだ実践の秘密
尾木直樹 編著
定価2000円+税

神と黄金(上・下)
——イギリス・アメリカはなぜ近現代世界を支配できたのか
ウォルター・ラッセル・ミード
寺下滝郎 訳
定価各3200円+税

起源——古代オリエント文明:西欧近代生活の背景
ウィリアム・W・ハロー
岡田明子 訳
定価4800円+税

「うたかたの恋」の真実
——ハプスブルク皇太子心中事件
仲 晃
定価2000円+税

魂の脱植民地化とは何か
深尾葉子
定価2500円+税

枠組み外しの旅
——「個性化」が変える福祉社会
竹端 寛
定価2500円+税

合理的な神秘主義
——生きるための思想史
安冨 歩
定価2500円+税

生きる技法
安冨 歩
定価1500円+税

他力の思想
——仏陀から植木等まで
山本伸裕
定価2200円+税

理性の暴力
——日本社会の病理学
古賀 徹
定価2800円+税

愛と貨幣の経済学
——快楽の社交主義へ
古賀 徹
定価2000円+税